ポケット 城図鑑

公益財団法人 日本城郭協会 監修
小和田 泰経 編著

本書を発行するにあたって、内容に誤りのないようできる限りの注意を払いましたが、本書の内容を適用した結果生じたこと、また、適用できなかった結果について、著者、出版社とも一切の責任を負いませんのでご了承ください。

　本書は、「著作権法」によって、著作権等の権利が保護されている著作物です。本書の複製権・翻訳権・上映権・譲渡権・公衆送信権（送信可能化権を含む）は著作権者が保有しています。本書の全部または一部につき、無断で転載、複写複製、電子的装置への入力等をされると、著作権等の権利侵害となる場合があります。また、代行業者等の第三者によるスキャンやデジタル化は、たとえ個人や家庭内での利用であっても著作権法上認められておりませんので、ご注意ください。

　本書の無断複写は、著作権法上の制限事項を除き、禁じられています。本書の複写複製を希望される場合は、そのつど事前に下記へ連絡して許諾を得てください。

出版者著作権管理機構
（電話 03-5244-5088, FAX 03-5244-5089, e-mail: info@jcopy.or.jp）

JCOPY <出版者著作権管理機構 委託出版物>

｜発刊にあたり｜

　我が国に存在した城の数は、3万とも4万とも言われています。しかも、まったく同じ形状の城は、2つとして存在していません。

　城は、曲輪と呼ばれる平坦地を配置する縄張、堀や土居(土塁)・石垣を構築する普請、天守や櫓、城門などを建てる作事という3つの要素から構成されます。それぞれが城によって異なるので、この組み合わせによって無数の形状をつくり出すことができるのです。

　城は、守っているだけでは勝つことができません。究極的には、城から打って出て、敵を退却させる必要があるからです。城には必ず守勢と攻勢のための工夫が施されているので、実際に城を訪ね、ぜひその工夫を探してみてください。

　本書は携行の利便性を考慮して、あえてポケットサイズにしました。そのため、難しい漢字すべてにルビをふることができませんでしたこと、あらかじめご了承ください。その代わり、常に城めぐりのお供にしていただけると幸いです。

【本書の見方】

　歴史編では、争乱ごとに関係する城を地図に落とし、古代・中世・近世の時代順に並べました。すべての城を取り上げることはできませんでしたが、歴史的に重要な城は網羅しています。

構造編では、縄張・普請・作事に関する基本的な構造を図示しました。これらには、軍学による理想的な構造も含まれており、必ずしも遺構が残されているわけではありません。縄張総覧は、近世に存在していた城の縄張を、ほぼ同一縮尺で揃えました。デフォルメしているため、必ずしも精確とは言えませんが、ありし日の縄張を理解していただけると思います。天守総覧は、現存を除き、近世の絵図と近代の古写真をもとにしています。古写真はともかく、絵図は資料そのものが精確でない可能性が高いため、縮尺や破風・窓の位置などは史実に忠実とは言えませんが、大まかな外観の把握にお役立てください。

編著者　小和田　泰経

監修者

公益財団法人 日本城郭協会
1955年、「城郭学」の確立を目的に創立。日本・世界の城郭に関する調査・研究・啓発を通じて、民族・歴史・風土に関する知識の普及を図り、もって教育、文化の発展に寄与することを目的に活動。

編著者

小和田　泰経
日本城郭協会理事、静岡英和学院大学講師、早稲田大学エクステンションセンター講師。専攻は日本中世史。

全国各地で開催されている城にまつわる行事（イベント）一覧
← **コチラ**

目次

歴史編

■ 古代 ——————————————— 6
古代山城、古代宮都、平城京、平安京、東北城柵、前九年の役、後三年の役、保元の乱・平治の乱

■ 中世 ——————————————— 16
治承・寿永の乱、鎌倉、奥州合戦、元寇、元弘の乱、南北朝時代の城、戦国時代の城

■ 近世 ——————————————— 52
安土桃山時代の城、京の城、陣城、江戸時代の城

構造編

■ 縄張の基本 ———————————— 92
曲輪、虎口、馬出、横矢

■ 縄張総覧 ————————————— 100

■ 普請※の基本 ———————————— 158
堀、城の断面、土居・石垣

■ 刻印総覧 ————————————— 164

■ 作事※の基本 ———————————— 172
天守・櫓、御殿、城門、橋、塀、屋根、葺き方、鯱、壁、破風、懸魚・蟇股

■ 天守総覧 ————————————— 186

普請=建築工事のこと
作事=家屋などの建築・修理のこと

古代山城

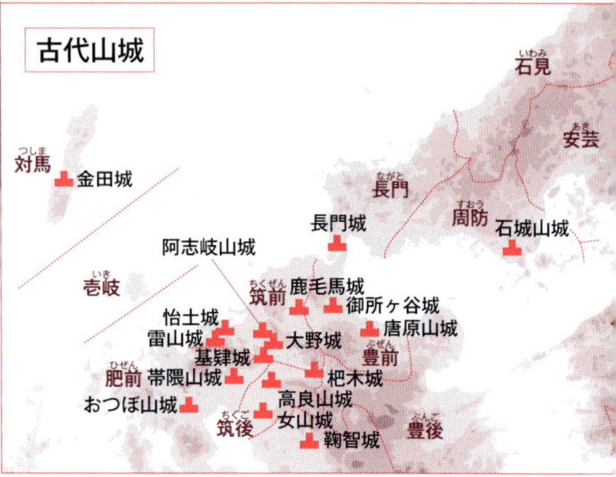

(地図: 対馬 金田城／壱岐 阿志岐山城／長門 長門城／周防 石城山城／石見／安芸／筑前 鹿毛馬城・御所ヶ谷城・唐原山城・怡土城・雷山城・基肄城・大野城／豊前／肥前 帯隈山城／おつぼ山城／筑後 高良山城・女山城／豊後 鞠智城／杷木城)

高安城	奈良県平群町・大阪府八尾市	白村江の戦い後に築城。『日本書紀』に天智天皇6(667)年築城。
播磨城山城	兵庫県たつの市	史書に記載なし。石塁のほか建物の跡の礎石が出土。
大廻小廻山城	岡山県岡山市	史書に記載なし。大廻・小廻山に築城。土塁・石塁が残存。
鬼ノ城	岡山県総社市	史書に記載なし。石塁を整備し建物を再建。国史跡。
屋嶋城	香川県高松市	『日本書紀』に天智天皇6(667)年築城。現在、石塁の一部を復元。
讃岐城山城	香川県坂出市・丸亀市	史書に記載なし。土塁・石塁などが残存。国史跡。
永納山城	愛媛県西条市	史書に記載なし。土塁や列石の遺構を検出。国史跡。
茨城	広島県福山市?	『続日本紀』に記載あるも正確な築城年・場所は未詳。
常城	広島県府中市?	『続日本紀』に記載あるも正確な築城年・場所は未詳。
石城山城	山口県光市・田布施町	史書に記載なし。「石城山神籠石」として国史跡に指定。
長門城	山口県下関市?	『日本書紀』に記載あるも城名・場所については未詳。
御所ヶ谷城	福岡県行橋市・みやこ町	史書に記載なし。石塁が残存。国史跡「御所ヶ谷神籠石」。
唐原山城	福岡県上毛町	史書に記載なし。後に、黒田孝高が石塁を中津城の石垣に転用。

鹿毛馬城	福岡県飯塚市	史書に記載なし。列石が残り水門跡とされる遺構を検出。
杷木城	福岡県朝倉市	史書に記載なし。列石のほか水門跡を検出。
大野城	福岡県太宰府市・大野城市・宇美町	『日本書紀』に記載。大宰府背後に所在。国特別史跡。
阿志岐山城	福岡県筑紫野市	史書に記載なし。土塁・石塁・水門跡が残存。国史跡。
基肄城	福岡県筑紫野市・佐賀県基山町	『日本書紀』に記載。土塁・石塁などが残存。国特別史跡。
高良山城	福岡県久留米市	史書に記載なし。筑後一宮・高良大社のある高良山に築城。国史跡。
女山城	福岡県みやま市	史書に記載なし。土塁・石塁などが残存。国史跡。
鞠智城	熊本県山鹿市	『続日本紀』に修築の記載あり。国史跡で建物が復元。
帯隈山城	佐賀県佐賀市・神埼市	史書に記載なし。門跡と推測される遺構を検出。国史跡。
おつぼ山城	佐賀県武雄市	史書に記載なし。列石が残り門跡と推測される遺構を検出。
雷山城	福岡県糸島市	史書に記載なし。土塁・石塁・水門が残存。国史跡。
怡土城	福岡県糸島市・福岡市	『続日本紀』によれば天平勝宝8(756)年に吉備真備が築城。
金田城	長崎県対馬市	白村江の戦い後に築城。『日本書紀』に天智天皇6(667)年築城。

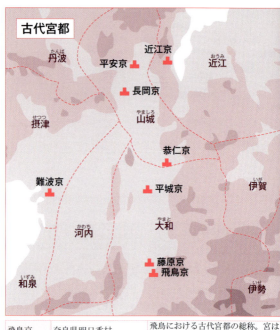

飛鳥京	奈良県明日香村	飛鳥における古代宮都の総称。宮は飛鳥の各地に置かれていた。
難波京	大阪府大阪市	大化元(645)年に孝徳天皇が遷都。後に聖武天皇も一時遷都。
近江京	滋賀県大津市	天智天皇が飛鳥京から遷都。壬申の乱で荒廃し、再び飛鳥京に。
藤原京	奈良県橿原市	持統・文武・元明天皇3代の宮都。日本で最初の本格的都城。
平城京	奈良県奈良市	元明天皇が遷都し、平安京までの都に。朱雀門周辺に一部羅城を造営。
恭仁京	京都府木津川市	天平12(740)年に聖武天皇が遷都。未完成のまま難波京に遷都。
長岡京	京都府向日市・長岡京市	延暦3(784)年に桓武天皇が一時遷都。不祥事が相次ぎ平安京に遷都。
平安京	京都府京都市	延暦13(794)年に桓武天皇が遷都。明治維新による東京奠都までの都。

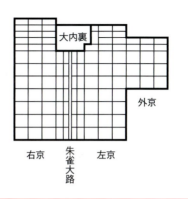

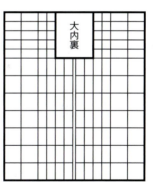

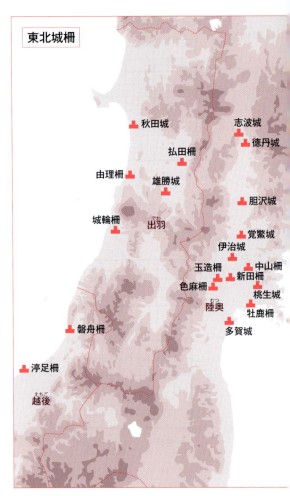

渟足柵	新潟県新潟市？	大化3(647)年に設置。現在の新潟市沼垂付近と見られるが、未詳。
磐舟柵	新潟県村上市？	大化4(648)年に設置。現在の村上市岩船付近と見られるが、未詳。
多賀城	宮城県多賀城市	神亀元(724)年に設置。陸奥国府・鎮守府が置かれ、東北支配の拠点に。
玉造柵	宮城県大崎市？	天平9(737)年には存在が確認。多賀城・胆沢城と共に主要な城柵。
新田柵	宮城県大崎市？	天平9(737)年には存在が確認。大崎平野北東部一帯を統治したか。
牡鹿柵	宮城県東松島市？	天平9(737)年には存在が確認。造営時期や所在地については未詳。
色麻柵	宮城県色麻町？	天平9(737)年には存在が確認。出羽国への玄関口として重視したか。
桃生城	宮城県石巻市	天平宝字年間(757～765年)、藤原仲麻呂が計画・営造したか。
雄勝城	秋田県横手市？	天平宝字3(759)年に築城。払田柵を遺構とする説もあるが、未詳。
秋田城	秋田県秋田市	天平5(733)年に出羽柵が北進して築城。出羽国支配の中心。
伊治城	宮城県栗原市	神護景雲元(767)年に築城。栗原地方から北上川中流域への拠点。
覚鱉城	岩手県一関市？	宝亀11(780)年に築城計画。伊治城と胆沢城の間に所在した模様。
由理柵	秋田県由利本荘市？	庄内地方と秋田城を結ぶ要衝。由利本荘市に所在したとされるが、未詳。
払田柵	秋田県大仙市	文献に記載なく、地名により払田柵。雄勝城にあたるとされるも未詳。
胆沢城	岩手県奥州市	延暦21(802)年に坂上田村麻呂が築城。多賀城から鎮守府が移転。
志波城	岩手県盛岡市	延暦22(803)年に坂上田村麻呂が築城。後に水害により徳丹城に移転。
城輪柵	山形県酒田市	奈良時代末期に秋田城から移された出羽国府の城柵とされるが、未詳。
中山柵	宮城県登米市？	延暦23(804)年には存在が確認。登米市に所在したとされるが、未詳。
徳丹城	岩手県矢巾町	水害を避けるため志波城から移転。弘仁5(814)年には完成したか。

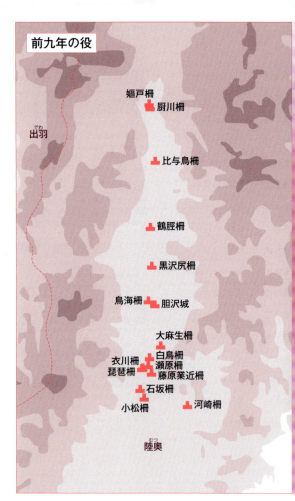

胆沢城	岩手県奥州市	鎮守府が多賀城から移され、朝廷による東北平定の拠点に。
河崎柵	岩手県一関市	安倍貞任の義父・金為行の柵。黄海の戦いで安倍氏が源頼義に勝利。
小松柵	岩手県一関市	安倍宗任とその叔父・良照（良昭）が守備。源頼義が攻略。
石坂柵	岩手県一関市	小松柵が陥落した後に安倍氏が籠城。清原氏に攻められて自落。
藤原業近柵	岩手県平泉町	安倍宗任の側近・藤原業近が守備。防ぎきれずに放火・自落。
琵琶柵	岩手県奥州市	安倍貞任の庶兄・成道が守備。衣川柵の近くに所在したが、未詳。
衣川柵	岩手県奥州市	安倍頼時・貞任の政庁で並木屋敷とも。安倍貞任は柵を放棄。
瀬原柵	岩手県奥州市	衣川柵の北に位置していたとされるが、未詳。朝廷軍が攻略。
白鳥柵	岩手県奥州市	安倍頼時の八男・安倍則任の居城。戦わず自落した模様。
大麻生柵	岩手県奥州市	衣川柵を落とした朝廷軍が攻略。後の上麻生城が擬定地。
鳥海柵	岩手県金ケ崎町	安倍頼時の三男・宗任の居城。朝廷軍の進撃により宗任は逃亡。
黒沢尻柵	岩手県北上市	安倍頼時の五男・安倍正任の居城。朝廷軍の攻撃により落城。
鶴脛柵	岩手県花巻市？	安倍頼時の七男・安倍家任が守備。花巻市内に所在したとされるが、未詳。
比与鳥柵	岩手県紫波町？	黒沢尻柵を落とした朝廷軍が攻略。紫波町に所在したとされるが、未詳。
嫗戸柵	岩手県盛岡市	厨川柵と7、8町離れた安倍氏の拠点。朝廷軍により陥落。
厨川柵	岩手県盛岡市	安倍頼時・貞任の拠点。朝廷軍の攻撃で貞任は戦死。弟・宗任らは降伏。

秋田城	秋田県秋田市	出羽の中心的城郭。蝦夷の反乱が相次ぎ、国府は移転していた模様。
雄勝城	秋田県横手市？	朝廷による出羽支配の中心。現在の払田柵にあたるとされるが、未詳。
大鳥井柵	秋田県横手市	清原武則の兄・光頼が子の頼遠と籠城。源義家の攻撃により落城。
沼柵	秋田県横手市	清原家衡が源義家の攻撃をしのぎ、金沢柵へ撤退。所在地は未詳。
金沢柵	秋田県横手市	清原家衡・清原武衡が最後まで籠城して陥落。後の金沢城が擬定地。

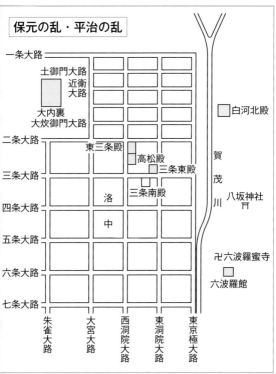

六波羅館	京都市東山区轆轤町	平清盛の居館。鎌倉時代になると、同所に六波羅探題が設置。
東三条殿	京都市中京区上松屋町	摂関家の邸宅。保元の乱では後白河天皇と藤原忠通らが籠って抵抗。
高松殿	京都市中京区津軽町	保元の乱における後白河天皇の本拠地。源義朝や平清盛らが参集。
三条東殿	京都市中京区場之町	後白河上皇の院御所。平治の乱において源義朝らの襲撃により焼失。
白河北殿	京都市左京区東丸太町	保元の乱では崇徳上皇の本拠地。源為義らが守備したが、陥落・焼失。

治承・寿永の乱

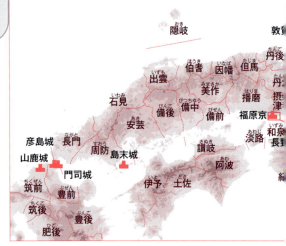

福原京	兵庫県神戸市	平清盛が治承4(1180)年に一時遷都。平家の西国落ちの際に焼失した。
衣笠城	神奈川県横須賀市	三浦氏の居城。平家方の畠山重忠・河越重頼・江戸重長らにより陥落。
金砂城	茨城県常陸太田市	源頼朝と対立した佐竹隆義の嫡男・佐竹秀義が籠城。謀略により落城。
寺尾城	群馬県太田市	新田義重の居城。平家に従う足利俊綱と対立した。所在地は未詳。
依田城	長野県上田市	源氏についた依田実信の居城。木曾から招かれた源義仲がここで挙兵。
大田切城	長野県駒ヶ根市	平家に従う菅友則の居城。武田信義・一条忠頼の攻撃を受けて落城。
火打城	福井県南越前町	燧城・燧ヶ城とも。越前・加賀の源氏方拠点。平維盛によって落城。
敦賀城	福井県敦賀市	越前水津の戦いに敗れた平通盛が入城するも維持できずに逃亡。

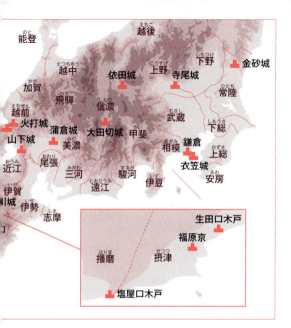

蒲倉城	岐阜県土岐市？	美濃源氏の拠点。平通盛・維盛らにより落城。所在地は未詳。
山下城	滋賀県長浜市	近江源氏・山本義経の居城で平知盛が攻略。後の山本山城か。
石川城	大阪府羽曳野市	源行家が籠城。源義仲の家臣・樋口兼光により落城。行家は逃亡。
長野城	大阪府河内長野市	源義仲に対抗するため源行家が籠城。後の烏帽子形城か。
島末城	山口県周防大島町	平知盛が周防大島に築城を計画。この城の所在地については異説あり。
彦島城	山口県下関市	根緒城とも。平知盛が築いたとされるが、所在地などについては未詳。
門司城	福岡県北九州市	平知盛の命により長門目代・紀井通資が築いたとされるが、詳細は不明。
山鹿城	福岡県芦屋町	平家の都落ちに際し、安徳天皇をはじめ平家一門を山鹿秀遠が庇護。

鎌倉

相模(さがみ)　武蔵(むさし)

+ 大船切通
+ 長窪(高野)切通
+ 明月谷切通
+ 亀ケ谷坂切通
+ 化粧坂切通　+ 巨福呂坂切通　+ 朝夷奈切通
+ 谷戸坂切通　　　　+ 大倉御所
+ 大仏坂切通　若宮大路御所
　宇都宮辻子御所　+ 釈迦堂切通
　　　+ 極楽寺坂切通　+ 名越切通
　　　　　　　+ 小坪切通
稲村ヶ崎　和賀江島

+：切通

大倉御所	鎌倉市雪ノ下	鎌倉時代初期における鎌倉幕府将軍(鎌倉殿)の御所。後に移転。
宇都宮辻子御所	鎌倉市小町	大倉御所から移転。嘉禄元(1225)年から嘉禎2(1236)年まで。
若宮大路御所	鎌倉市雪ノ下	嘉禎2(1236)年から元弘3(1333)年まで98年間の御所。

奥州合戦

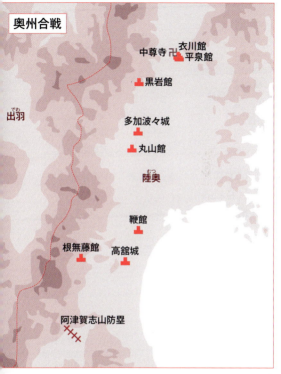

阿津賀志山防塁	福島県国見町	二重の堀と三重の土塁。
根無藤館	宮城県蔵王町	藤原氏が籠城し、7度の戦闘で敗退。
高舘城	宮城県名取市	藤原秀衡が築き、家臣が籠城か。
鞭館	宮城県仙台市	藤原泰衡の本陣。所在地は未詳。
丸山館	宮城県大崎市	照井氏の居城。仁田忠常により落城。
多加波々城	宮城県大崎市？	藤原泰衡が逃亡。所在地は未詳。
黒岩館	宮城県栗原市	若九郎太夫が籠城か。詳細は不明。
平泉館	岩手県平泉町	藤原泰衡の政庁。所在地は未詳。
衣川館	岩手県平泉町	源義経の館。藤原泰衡により陥落。

元寇

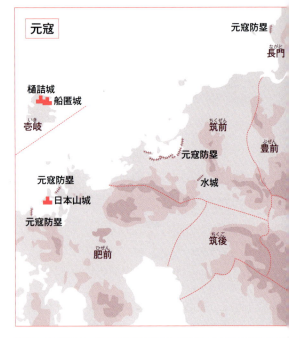

樋詰城	長崎県壱岐市	文永の役で平景隆が籠城して落城。
船匿城	長崎県壱岐市	弘安の役で少弐資時が籠もり落城。
日本山城	長崎県松浦市	弘安の役で松浦党が籠城したか。
元寇防塁	長崎県松浦市	「逃の浦の石塁」として一部残存。
元寇防塁	佐賀県唐津市	星賀海岸に一部残存するが、未詳。
元寇防塁	福岡県福岡市	文永の役後に幕府が築造。一部残存。
水城	福岡県太宰府市・春日市	弘安の役で再利用された古代の城。
元寇防塁	山口県下関市	文永の役後に築造された土塁か。

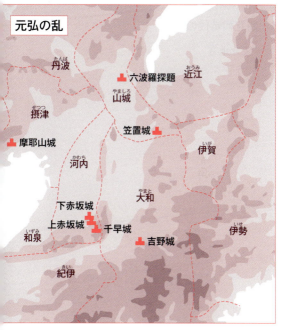

吉野城	奈良県吉野町	後醍醐天皇の皇子護良親王が吉野で挙兵。金峯山寺を城郭化。
笠置城	京都府笠置町	後醍醐天皇の行在所として笠置寺を城郭化。鎌倉幕府軍により陥落。
下赤坂城	大阪府千早赤阪村	楠木正成が築城。幕府軍に落とされたため、上赤坂城・千早城で抵抗。
上赤坂城	大阪府千早赤阪村	楠木正成が千早城の出城として築城。幕府軍に水路を絶たれて陥落。
千早城	大阪府千早赤阪村	赤坂城の詰の城で楠木正成が最後まで籠城。この間に鎌倉幕府は滅亡。
六波羅探題	京都府京都市	朝廷・公家を監視する鎌倉幕府の出張機関。足利尊氏らにより陥落。
摩耶山城	兵庫県神戸市	後醍醐天皇に呼応した赤松円心が籠城。六波羅探題軍を撃退。

南北朝時代の城

■ 東北地方

藤

大川城

平林城

佐渡(サド)

河内城

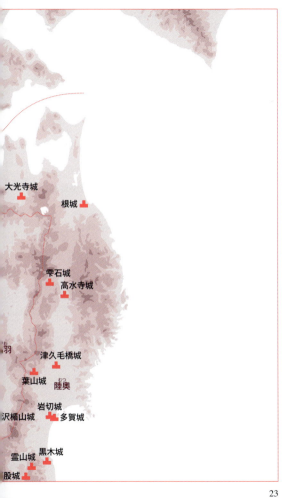

■ 関東・中部地方

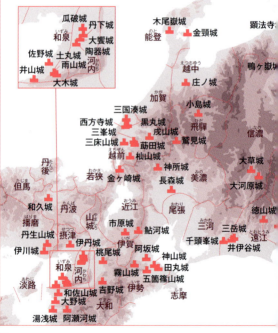

■ 近畿・中国・四国地方

■ 九州地方

対馬(つしま)

壱岐(いき)

肥前(ひぜん) 妻山

宇土

木牟礼

碇山城
串木野城
郡山城
市来城 比志島城
平城
南郷城 催馬楽城 東福寺城
谷山城
中原城
加世田城

28

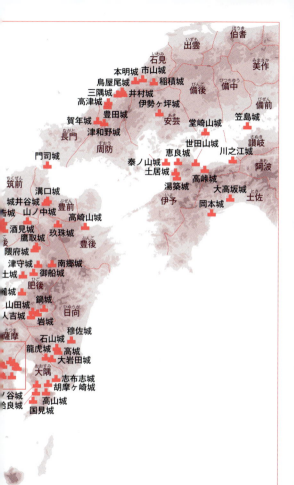

■南北朝時代の城

根城	青森県八戸市	南朝・南部氏の本城。南朝の中心。
大光寺城	青森県平川市	北朝・曾我氏の居城。一族が分裂。
雫石城	岩手県雫石町	南朝の拠点で、北畠顕信が在城。
高水寺城	岩手県紫波町	北朝の足利一族斯波氏の居城。
津久毛橋城	宮城県栗原市	南朝・北畠顕信が築き、南方へ進出。
葉山城	宮城県大崎市	北朝・石塔義房の居城との説あり。
藤島城	山形県鶴岡市	南朝・北畠顕信が守永親王を推戴。
左沢楯山城	山形県大江町	南朝の大江一族左沢氏の居城。
岩切城	宮城県仙台市	北朝・畠山国氏が入り、多賀城攻め。
多賀城	宮城県多賀城市	義良親王が入城。後に霊山城へ。
霊山城	福島県伊達市	義良親王が多賀城から移り、拠点に。
河股城	福島県川俣町	霊山城の支城。北朝により落城。
黒木城	福島県相馬市	南朝・黒木氏の居城。防戦に成功。
小高城	福島県南相馬市	北朝・相馬重胤が築城して居城に。
宇津峰城	福島県須賀川市	北朝・吉良貞家が攻囲、落城。
滝尻城	福島県いわき市	南朝・小山駿河守が守備。落城。
太田城	茨城県常陸太田市	北朝・佐竹氏の本城で、対南朝拠点。
瓜連城	茨城県那珂市	南朝・楠木正家の拠点。落城。
笠間城	茨城県笠間市	南朝・笠間氏の本城。防戦に成功。
石岡城	茨城県石岡市	北朝・大掾氏の支城で、北朝が出撃。
東條城	茨城県稲敷市	南朝・東條氏の本城。常陸太田城とも。
神宮寺城	茨城県稲敷市	南朝・東條氏の支城。北朝が攻略。
阿波崎城	茨城県稲敷市	陥落により、北畠親房は小田城へ。
小田城	茨城県つくば市	南朝・小田氏は北畠親房を庇護。
大宝城	茨城県下妻市	南朝・下妻氏が興良親王を庇護。
関城	茨城県筑西市	南朝・関氏の本城。北朝により落城。
駒城	茨城県下妻市	南朝・平万宗貞が守り落城。駒館とも。
祇園城	栃木県小山市	北朝・小山氏の本城。防戦に成功。
飛山城	栃木県宇都宮市	北朝・芳賀氏の本城。鴫山城とも。
桃井城	群馬県吉岡町	北朝・桃井直常が築城との説あり。
大川城	新潟県村上市	北朝・大川氏の本城。南朝が攻略。
平林城	新潟県村上市	南朝・平林氏の本城。北朝が攻略。
河内城	新潟県五泉市	南朝・河内氏の本城。雷城か。
小国沢城	新潟県長岡市	南朝・小国氏の本城。北朝が攻略。
大井田城	新潟県十日町市	南朝の中心・大井田氏の本城か。
顕法寺城	新潟県上越市	南朝・上杉氏が籠城するも落城。
直峰城	新潟県上越市	南朝・風間信昭の本城との説が有力。
鴨ヶ嶽城	長野県中野市	北朝・高梨氏の本城。山麓に居館。
大河原城	長野県大鹿村	南朝・香坂氏が宗良親王を庇護。

大草城	長野県中川村	大河原城主香坂氏が築城した模様。
安倍城	静岡県静岡市	南朝・狩野氏の本城。北朝が攻撃。
徳山城	静岡県中川根町	南朝の城。北朝・今川氏が攻略。
井伊谷城	静岡県浜松市	南朝・井伊氏の本城。北朝が攻略。
三岳城	静岡県浜松市	井伊氏が宗良親王を奉じて抵抗。
千頭峯城	静岡県浜松市	南朝・井伊氏の支城。北朝が攻略。
長森城	岐阜県岐阜市	北朝・土岐氏が築き、土岐氏の本城に。
神所城	岐阜県本巣市	南朝・脇屋義助の拠点。根尾城とも。
鷲見城	岐阜県郡上市	北朝・鷲見氏の本城。南朝と交戦。
小島城	岐阜県飛騨市	南朝・飛騨国司姉小路氏の本城。
生ノ城	富山県砺波市	北朝・桃井直常の拠点。壇城とも。
金頸城	石川県七尾市	南朝・長氏が守備・落城。向田城とも。
木尾嶽城	石川県志賀町	南朝が守備。北朝により落城。
三国湊城	福井県坂井市	南朝・畑氏の本城、落城。千手寺城。
西方寺城	福井県坂井市	南朝の由良氏が金ヶ崎城を支援。
黒丸城	福井県福井市	南朝が攻略したものを北朝が奪還。
三床山城	福井県越前市	北朝・斯波高経が籠城した模様。
三峯城	福井県鯖江・福井市	南朝・平泉寺衆徒が籠るが、落城。
訪田城	福井県鯖江市	南朝の拠点。北朝が攻撃。
丈山城	福井県大野市	守護・斯波高経の子義種が築城。
柚山城	福井県南越前町	攻略した斯波高経が在城。
金ヶ崎城	福井県敦賀市	南朝の尊良親王・新田義顕が自害。
鮎河城	滋賀県甲賀市	南朝・鮎河氏の居城。北朝が攻略。
市原城	滋賀県甲賀市	北朝・佐々木氏頼が南朝を撃退。
霧山城	三重県津市	南朝・北畠氏の拠点。山麓には居館。
田丸城	三重県玉城町	南朝・北畠親房が築城。北朝が攻略。
河坂城	三重県松阪市	南朝・北畠親房の築城とも。防戦。
神山城	三重県松阪市	南朝・潮田幹景が築城。北朝が攻撃。
五箇篠山城	三重県多気町	南朝・野呂氏の本城か。北朝が攻略。
桃尾城	奈良県天理市	南朝が桃尾寺を城郭化。落城。
吉野城	奈良県吉野町	南朝の御座所。金峯山寺を城郭化。
田辺城	和歌山県田辺市	北朝・田辺法印の拠点。所在地未詳。
河瀬河城	和歌山県有田川町	南朝・四条隆俊が籠城したが、落城。
湯浅城	和歌山県湯浅町	南朝・湯浅氏の本城。北朝に敗北。
大野山城	和歌山県海南市	北朝・山名義時が築城。紀伊守護所。
和佐山城	和歌山県和歌山市	北朝・畠山義深が南朝に対し築城。
井山城	大阪府阪南市	南朝・淡輪氏が北朝に寝返り攻略。
雨山城	大阪府熊取町	楠木一族・橋本正高が築城。落城。
大木城	大阪府泉佐野市	南朝・名手教治が築城。所在地不明。
土丸城	大阪府泉佐野市	北朝の城。南朝と争奪戦に。槇丸城。
佐野城	大阪府泉佐野市	南朝・楠木正儀の本城。所在地未詳。
陶器城	大阪府堺市	北朝・淡輪氏が南朝に寝返り攻撃。

大饗城	大阪府堺市	北朝の城。南朝が攻略。城岸寺城。
丹下城	大阪府松原市	北朝・丹下氏の本城で、南朝に抵抗。
瓜破城	大阪府大阪市	北朝に寝返った楠木正儀の城。
和久城	京都府福知山市	南朝の城。北朝・仁木頼章が攻略。
伊丹城	兵庫県伊丹市	北朝・伊丹氏の本城。南朝を撃退。
丹生山城	兵庫県神戸市	南朝・金谷氏が明要寺を城郭化。
伊川城	兵庫県神戸市	北朝の城を南朝が攻略。太山寺城か。
感状山城	兵庫県相生市	北朝・赤松氏が新田義貞を足止め。
白旗城	兵庫県上郡町	北朝・赤松氏の本城。南朝は攻略できず。
三石城	岡山県備前市	北朝・石橋氏が新田義貞を足止め。
温泉城	兵庫県新温泉町	南朝・奈良氏の本城。北朝が攻撃。
船上山城	鳥取県琴浦町	名和氏が後醍醐天皇を奉じて行宮に。
月山富田城	島根県安来市	北朝・京極氏の支城。南朝が攻撃。
三刀屋城	島根県雲南市	北朝・諏訪部氏の本城。南朝と交戦。
稲積城	島根県益田市	南朝の石見国司日野邦光が築城。
市山城	島根県江津市	北朝の城。南朝・新田義氏が攻撃。
本明城	島根県江津市	南朝・福屋氏の本城。落城。福屋城。
鳥屋尾城	島根県浜田市	三隅一族井村氏の属城。北朝が攻撃。
井村城	島根県浜田市	三隅一族井村氏の本城。井野城とも。
三隅城	島根県浜田市	南朝・三隅氏の本城。北朝に降伏。
高津城	島根県益田市	南朝・高津氏の本城。北朝により陥落。
豊田城	島根県益田市	南朝・内田氏の本城。北朝により陥落。
三本松城	島根県津和野町	北朝・吉見氏の本城。後の津和野城。
賀年城	山口県山口市	北朝・大内氏の支城。勝山城とも。
伊勢ヶ坪城	広島県広島市	北朝・熊谷氏の本城。三入高松城へ。
堂崎山城	広島県尾道市	南朝の城。北朝が攻撃。因島城。
笠島城	香川県丸亀市	北朝・細川氏の支城で落城。東山城。
財田城	香川県三豊市	南朝・財田氏が籠城し落城。本篠城とも。
秋月城	徳島県阿波市	阿波守護となった北朝・細川氏が築城。
川之江城	愛媛県四国中央市	北朝・河野氏の支城で落城。仏殿城。
高峠城	愛媛県西条市	北朝・河野氏の支城。北朝が攻撃。
世田山城	愛媛県今治・西条市	南朝・大館氏明が籠城したが、落城。
恵良城	愛媛県松山市	南朝・土居通世が籠城。北朝と攻防。
泰ノ山城	愛媛県松山市	南朝・忽那水軍が懐良親王を庇護。
湯築城	愛媛県松山市	北朝・河野氏の本城。南朝と攻防。
土居城	愛媛県松山市	伊予での南朝の中心・土居氏の本城。
大高坂城	高知県高知市	南朝・大高坂氏が満良親王を庇護。
岡本城	高知県須崎市	北朝・堅田氏の本城。南朝が攻撃。
門司城	福岡県北九州市	北朝・門司氏の本城。南朝と対立。
城井谷城	福岡県築上町	北朝の城。南朝へ寝返り。
溝口城	福岡県筑後市	南朝・溝口氏の本城。北朝が攻撃。
山ノ中城	福岡県久留米市	南朝の菊池・武藤氏が籠城。石垣城。

酉見城	福岡県大川市	北朝・深堀氏が籠城。南朝を撃退。
本告城	佐賀県神埼市	北朝・本告氏の本城。牟田城・本折城。
妻山城	佐賀県白石町	南朝・白石氏の本城。北朝が攻略。
子木城	長崎県諫早市	南朝・西郷氏の本城。北朝により陥落。
高崎山城	大分県大分市	北朝・大友氏時の支城。南朝を撃退。
久珠城	大分県玖珠町	南朝・高勝寺衆徒が籠城。高勝寺城。
隈府城	熊本県菊池市	南朝・菊池氏の本城。北朝により陥落。
鷹取城	熊本県菊池市	南朝・良成親王が在城し陥落。染土城。
有郷城	熊本県南阿蘇村	北朝・坂梨氏が占拠。南朝が奪還。
津守城	熊本県益城町	北朝・和泉氏が守備。南朝が攻略。
御船城	熊本県御船町	懐良親王が入城。南朝・阿蘇氏が庇護。
宇土城	熊本県宇土市	南朝・宇土氏の本城。現在の宇土古城。
与麓城	熊本県八代市	南朝・名和氏の一族が築城。八代城。
人吉城	熊本県人吉市	北朝・下相良氏の本城。上相良氏と抗争。
堝城	熊本県多良木町	南朝・上相良氏の本城。北朝に転属。
山田城	熊本県山江村	北朝・下相良氏の支城。南朝と争奪戦。
岩城	熊本県錦町	北朝・下相良氏の支城。木枝城とも。
木牟礼城	鹿児島県出水市	北朝・島津貞久の本城。南朝が攻撃。
定山城	鹿児島県薩摩川内市	北朝・島津氏の居城。南朝を撃退。
串木野城	鹿児島県いちき串木野市	南朝・串木野氏の本城。北朝が攻略。
市来城	鹿児島県日置市	南朝・市来氏の居城。北朝が攻略。
平城	鹿児島県日置市	南朝・伊集院氏の本城。一宇治城。
有郷城	鹿児島県日置市	南朝・桑波田氏の本城。北朝が攻略。
中原城	鹿児島県日置市	北朝・島津久長が攻略。後の伊作城。
川世田城	鹿児島県南さつま市	南朝。北朝・島津氏が攻撃。別府城。
郡山城	鹿児島県鹿児島市	北朝・郡山氏の本城で落城。松尾城。
七志島城	鹿児島県鹿児島市	北朝・比志島氏の本城。南朝を撃退。
雉馬楽城	鹿児島県鹿児島市	北朝・矢上氏が攻略で落城。矢上城。
東福寺城	鹿児島県鹿児島市	南朝・矢上氏の支城。北朝が攻略。
谷山城	鹿児島県鹿児島市	南朝・谷山氏が懐良親王を庇護。
志布志城	鹿児島県志布志市	南朝・楡井頼仲の本城だったが、落城。
羽摩ヶ崎城	鹿児島県大崎町	南朝・楡井氏の拠点。北朝が攻略。
大姶良城	鹿児島県鹿屋市	北朝・楡井氏の支城。北朝が攻略。
一ノ谷城	鹿児島県鹿屋市	南朝・楡井氏の支城。北朝が攻略。
国見城	鹿児島県南大隅町	北朝・禰寝氏の本城。富田城から移転。
高山城	鹿児島県肝付町	南朝の忠臣となった肝付兼重の本城。
龍虎城	鹿児島県曽於市	南朝・肝付氏の支城。財部城とも。
石山城	宮崎県都城市	南朝・肝付氏の支城。北朝が攻略。
大岩田城	宮崎県都城市	南朝・肝付氏の支城。北朝が攻略。
苛城	宮崎県都城市	南朝・肝付氏が築城。月山日和城。
塵佐城	宮崎県宮崎市	北朝・畠山氏が占拠。南朝が攻略。

戦国時代の城

■ 東北地方

尾

左沢楯[山]
寒河江
本庄城
佐渡　　　　　　　　　平
雑太城　　新発田城

越後

- 志苔館
- 館
- 館
- 浪岡城
- 七戸城
- 大浦城
- 根城
- 三戸城
- 九戸城
- 十狐城
- 浄法寺城
- 一戸城
- 久慈城
- 角館城
- 高水寺城
- 田鎖城
- 本堂城
- 鳥谷ヶ崎城
- 横手城
- 二子城

出羽 陸奥

- 延城
- 名生城
- 寺池城
- 東根城
- 天童城
- 鶴楯城
- 岩切城
- 千代城
- 山形城
- 亘理城
- 城
- 小浜城
- 二本松城
- 小高城

■ 関東・中部地方

【関西拡大部】
- 八木城
- 花の御所
- 山下城
- 芥川山城
- 池田城
- 茨木城
- 伊丹城
- 飯盛城
- 越水城
- 筒井城
- 古市城
- 若江城
- 龍王山城
- 高屋城
- 箸尾城

【本地図】
- 松波城
- 穴水城
- 能登（のと）
- 七尾城
- 柿崎城
- 春日山城
- 上条城
- 鮫ヶ尾城
- 不動山城
- 鳥坂城
- 鴨ヶ嶽城
- 蓮沼城
- 富山城
- 松倉城
- 岩櫃城
- 高尾城
- 増山城
- 越中（えっちゅう）
- 葛尾城
- 松尾城
- 加賀（かが）
- 高原諏訪城
- 林城
- 鳥越城
- 帰雲城
- 内山城
- 越前（えちぜん）
- 戌山城
- 古川城
- 信濃
- 上原城
- 一乗谷城
- 上平寺城
- 飛騨（ひだ）
- 木曾福島城
- 佐柿国吉城
- 金ヶ崎城
- 菩提山城
- 後瀬山城
- 郡上八幡城
- 高遠城
- 躑躅ヶ崎館
- 勝沼
- 高浜城
- 小谷城
- 今尾城
- 美濃
- 神之峰城
- 甲斐（かい）
- 朽木城
- 稲葉山城
- 岩村城
- 下山城
- 谷村城
- 若狭（わかさ）
- 鎌刃城
- 川手城
- 長篠城
- 大宮城
- 葛山城
- 丹波
- 近江（おうみ）
- 岩倉城
- 清洲城
- 寺部城
- 高根城
- 観音寺城
- 古宮城
- 犬居城
- 駿河
- 興国寺城
- 日野城
- 神戸城
- 尾張（おわり）
- 韮山城
- 亀山城
- 駿府館
- 山城
- 伊勢
- 大野城
- 遠江（とおとうみ）
- 伊豆
- 長野城
- 坂部城
- 三河（みかわ）
- 掛川城
- 高天神城
- 緒川城
- 田原城
- 井伊谷城
- 河内
- 貝吹山城
- 大河内城
- 志摩
- 西条城
- 堀江城
- 引馬城
- 伊勢
- 田丸城
- 波切城
- 岡崎城
- 牛久保城
- 大和
- 紀伊
- 新宮城

（新発）
- 本与板城
- 栃（尾）
- 赤田城
- 北条城
- 栖吉
- 坂戸
- 白
- 武
- 川

鮭延城　名生城　寺池城
尾浦城　谷地城　東根城
左沢楯山城　天童城
寒河江城　　　岩切城
平林城　山形城　千代城
　　米沢城　　　亘理城

　　　二本松城　小浜城
　　猪苗代城　　小高城
黒川城
　　　　三春城
羽黒山城
　　白川城　須賀川城
　　　　　　三芦城
　　大田原城　大館城
　　　黒羽城
宇都宮城　烏山城　常陸
　　　　　　　太田城
　　　真壁城
　　　　　笠間城
　　　　　水戸城
　　　　府中城
　　　　土浦城
岩槻城　小田城
神井城　下総　臼井城
　　　　　本佐倉城
　江戸城　　東金城
　世田谷城　小弓御所
小机城　　　　　真里谷城
　　　　　小田喜城
　久留里城　上総
新井城　安房
　　稲村城
原城
　御所

　　　　　　　　足利城　　壬生城
　　箕輪城　蒼海城　金山城　皆川城　下館城
　　　　　　　　　　　祇園城
　　　安中城　那波城　唐沢山城　結城城
　　国峰城　平井城　　　古河御所
　　　　　　　　　忍城　　　　下妻城
　　　　　鉢形城　武蔵松山城　関宿城

37

■ 近畿・中国・四国地方

- 国府尾城
- 隠岐
- 天神
- 羽衣石城
- 月山富田城　岩倉城
- 出雲　伯耆　　　　美作
- 　　　　　　勝山城　　三星
- 山吹城　　　　　　　　　
- 　　　備後　備中
- 石見　　備中松山城　　天神山城
- 七尾城　日山城　郡山城　備中高松城
- 三本松城　　銀山城　新高山城　神辺城　猿掛城　沼
- 長門　大内氏館　　安芸　青陰城　聖通寺城　勝賀城
- 荒滝山城　　　　　能島城　天霧城　　讃岐
- 勝山城　若山城　　　来島城　　　白地城　上
- 立花山城　門司城　周防　　湯築城　金子城　本山城
- 筑前　長野城　勝尾城
- 有智山城　古処山城　　上関城　伊予　岡豊城
- 　　　　城井谷城　木付城　地蔵ヶ嶽城　姫野々城　吉良城　安芸城
- 勢福寺城　豊前　　大友氏館　黒瀬城　土佐
- 柳川城　　山下城　　　　　　　中村城
- 　　　　　田中城　丹生島城
- 　　隈府城　　　　栂牟礼城
- 筒ヶ嶽城　豊後
- 宇土城　岩尾城　岡城　縣城
- 肥後　　日向

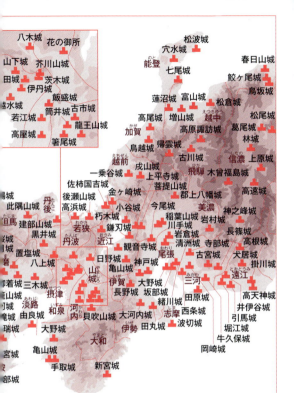

■ 九州地方

対馬
金石城

壱岐
亀丘城　高

勢福
勝尾嶽城　岸岳

獅子ヶ城
柳
肥前

江川城

三

岩

- 山吹城
- 勝山城
- 石見
- 備後 備中 美作
- 七尾城 日山城 備中松山城 沼城
- 三本松城 郡山城 神辺城 備前
- 銀山城 新高山城 猿掛城 勝賀城
- 長門 安芸 青陰城 聖通寺城
- 荒滝山城 大内氏館 能島城 天霧城 十河城
- 勝山城 若山城 来島城 白地城
- 周防 金子城 阿波
- 門司城 湯築城 本山城
- 筑前 長野城 伊予
- 花山城 古処山城 地蔵ヶ嶽城 姫野々城
- 有智山城 城井谷城 木付城 岡豊城
- 勝尾城 豊前 土佐
- 村中城 山下城 大友氏館 黒瀬城 吉良城 安芸城
- 田中城 丹生島城
- 筒ヶ嶽城 隈府城 岡城 栂牟礼城 中村城
- 宇土城 岩尾城 豊後
- 江城 肥後 松尾城
- 人吉城 日向
- 太良城 財部城
- 薩摩 都於郡城
- 蒲生城 都之城
- 城 大隅 志布志城
- 覧城
- 高山城
- 内城
- 楠川城

■沖縄地方

赤木名

恩納城

田名城　与論城
伊是名城
伊江城　今帰仁城
　　　　名護城　琉球(りゅうきゅう)
具志川城
座喜味城　勝連城
浦添城　中城城
首里城

内城

楠川城

■戦国時代の城

勝山館	北海道上ノ国町	武田信広が築城か。蠣崎氏の支城に。
志苔館	北海道函館市	小林氏の本城。コシャマインが攻略。
徳山館	北海道松前町	蠣崎氏の本城。大館、松前大館とも。
浪岡城	青森県青森市	北畠氏の本城。大浦為信が攻略。
大浦城	青森県弘前市	大浦氏の本城で、後に津軽氏に改姓。
七戸城	青森県七戸町	七戸氏の本城。九戸政実の乱で滅亡。
根城	青森県八戸市	南部氏嫡流の本城。後に遠野に転封。
三戸城	青森県三戸町	南部氏庶流の城で、後に戦国大名に。
九戸城	岩手県二戸市	九戸氏の本城。九戸政実の乱で滅亡。
一戸城	岩手県一戸町	一戸氏の本城。南部信直が攻略。
浄法寺城	岩手県二戸市	浄法寺氏の本城。岩崎一揆後に改易。
久慈城	岩手県久慈市	久慈氏の本城。九戸政実の乱で滅亡。
田鎖城	岩手県宮古市	田鎖氏の本城。南部氏により破却。
高水寺城	岩手県紫波町	斯波氏の本城。南部氏が奪い、郡山城。
鳥谷ヶ崎城	岩手県花巻市	稗貫氏の本城。現在の花巻城。
二子城	岩手県北上市	和賀氏の本城。別名は飛勢城。
十狐城	秋田県大館市	浅利氏の本城。独鈷城とも。
檜山城	秋田県能代市	安東氏の本城。一国一城令で廃城。
湊城	秋田県秋田市	檜山安東氏と対立した安東一族の城。
豊島城	秋田県秋田市	豊島氏の本城。戸島城とも。
角館城	秋田県仙北市	戸沢氏の本城。一国一城令で廃城。
本堂城	秋田県美郷町	本堂氏の本城。佐竹氏の入封で廃城。
六郷城	秋田県美郷町	六郷氏の本城。関ヶ原合戦で転封。
横手城	秋田県横手市	小野寺氏の本城。後に佐竹氏の支城。
寺池城	宮城県登米市	葛西氏の本城。奥羽仕置で改易に。
名生城	宮城県大崎市	大崎氏の本城。奥羽仕置で改易に。
鶴楯城	宮城県大和町	黒川氏の本城。奥羽仕置で改易に。
岩切城	宮城県仙台市	留守氏の本城。後に利府城に移転。
千代城	宮城県仙台市	国分氏の本城。近世の仙台城。
亘理城	宮城県亘理町	亘理氏の本城。近世の亘理要害。
鮭延城	山形県真室川町	鮭延氏の本城。後に最上氏が攻略。
尾浦城	山形県鶴岡市	大宝寺氏の本城。大宝寺城から移転。
東根城	山形県東根市	東根氏の本城。後に最上氏が攻略。
谷地城	山形県河北町	白鳥氏の本城。後に最上氏が攻略。
天童城	山形県天童市	天童氏の本城。後に最上氏が攻略。
寒河江城	山形県寒河江市	寒河江氏の本城。後に最上氏が攻略。
左沢楯山城	山形県大江町	左沢氏の本城。後に最上氏に降伏。
山形城	山形県山形市	最上氏の本城。最上氏は後に改易。
米沢城	山形県米沢市	伊達氏の本城。後に岩出山城へ。

城名	所在地	備考
小高城	福島県南相馬市	相馬氏の本城。後に牛越城に移転。
大館城	福島県いわき市	岩城氏の本城。関ヶ原合戦で改易。
小浜城	福島県二本松市	大内氏の本城。伊達政宗と対立。
二本松城	福島県二本松市	畠山氏の本城。伊達政宗が攻略。
三春城	福島県三春町	田村氏の本城。伊達政宗と同盟。
須賀川城	福島県須賀川市	二階堂氏の本城。伊達政宗が攻略。
三芦城	福島県石川町	石川氏の本城。奥羽仕置で改易に。
白川城	福島県白河市	白河結城氏の本城。後に小峰城に移転。
猪苗代城	福島県猪苗代町	猪苗代氏の本城。伊達政宗に内応。
黒川城	福島県会津若松市	蘆名氏の本城。現在の会津若松城。
向羽黒山城	福島県会津美里町	蘆名盛氏が築いた最大級の山城。
太田城	茨城県常陸太田市	佐竹氏の本城。後に水戸城に移転。
水戸城	茨城県水戸市	江戸氏の本城。後に佐竹氏が攻略。
笠間城	茨城県笠間市	笠間氏の本城。後に宇都宮氏が攻略。
府中城	茨城県石岡市	大掾氏の本城。後に佐竹氏が攻略。
小田城	茨城県つくば市	小田氏の本城。後に佐竹氏が攻略。
土浦城	茨城県土浦市	菅谷氏の本城。主家の小田氏を補佐。
真壁城	茨城県桜川市	真壁氏の本城。後に佐竹氏に臣従。
下妻城	茨城県下妻市	多賀谷氏の本城。近世は付近に陣屋。
下館城	茨城県筑西市	水谷氏の居城。江戸時代は下館藩庁。
結城城	茨城県結城市	結城氏の本城。結城合戦の舞台。
古河御所	茨城県古河市	古河公方足利氏の本拠地。
関宿城	千葉県野田市	古河公方の筆頭家老簗田氏の本城。
臼井城	千葉県佐倉市	臼井氏の本城で、後に原氏が居城。
本佐倉城	千葉県酒々井町・佐倉市	千葉氏の本城。近世は近くに佐倉城。
小弓御所	千葉県千葉市	足利義明の御所。近世は近くに陣屋。
東金城	千葉県東金市	酒井氏の本城。後に東金御殿に。
真里谷城	千葉県木更津市	武田氏の本城。小田原平定後に廃城。
小田喜城	千葉県大多喜町	正木氏の本城。現在の大多喜城。
久留里城	千葉県君津市	上総に進出した安房里見氏の居城。
稲村城	千葉県館山市	里見氏の本城。後に久留里城へ。
黒羽城	栃木県大田原市	大関氏の本城。江戸時代は陣屋。
大田原城	栃木県大田原市	大田原氏の本城。江戸時代まで城主。
烏山城	栃木県那須烏山市	那須氏の本城。豊臣秀吉により改易。
宇都宮城	栃木県宇都宮市	宇都宮氏の本城。豊臣秀吉により改易。
鹿沼城	栃木県鹿沼市	鹿沼氏の本城。後に壬生氏の本城に。
壬生城	栃木県壬生町	壬生氏の本城。後に鹿沼城に移転。
祇園城	栃木県小山市	小山氏の本城。小山城とも。
皆川城	栃木県栃木市	皆川氏の本城。後に栃木城に移転。
唐沢山城	栃木県佐野市	佐野氏の本城。後に山麓に陣屋。
足利城	栃木県足利市	足利長尾氏の本城。後に館林城へ。

金山城	群馬県太田市	横瀬氏の本城。後に由良氏が奪取。
白井城	群馬県渋川市	白井長尾氏の本城。江戸時代に廃城。
岩櫃城	群馬県東吾妻町	斎藤氏の本城。後に真田氏が攻略。
箕輪城	群馬県高崎市	長野氏の本城。井伊氏が高崎城に移転。
蒼海城	群馬県前橋市	総社長尾氏の本城。江戸時代に廃城。
那波城	群馬県伊勢崎市	那波氏の本城。堀口城とも。
安中城	群馬県安中市	安中氏の本城。江戸時代は安中藩庁。
国峰城	群馬県甘楽町	小幡氏の本城。小田原攻めで落城。
平井城	群馬県藤岡市	山内上杉氏の本城。北条氏が攻略。
鉢形城	埼玉県寄居町	長尾景春が築城。上杉・北条氏の支城。
忍城	埼玉県行田市	成田氏の本城。小田原攻めで開城。
武蔵松山城	埼玉県吉見町	上田氏の本城。後に北条氏が攻略。
岩槻城	埼玉県さいたま市	太田氏の本城。後に北条氏が攻略。
川越城	埼玉県川越市	扇谷上杉氏の本城。河越夜戦の舞台。
江戸城	東京都千代田区	太田氏の本城。後に北条氏が攻略。
石神井城	東京都練馬区	豊島氏の本城。太田道灌に敗北。
世田谷城	東京都世田谷区	吉良氏の本城。小田原平定後に廃城。
勝沼城	東京都青梅市	三田氏の本城。後に北条氏が攻略。
滝山城	東京都八王子市	大石氏の本城。後に北条氏に降伏。
小机城	神奈川県横浜市	上杉氏の築城か。後に北条氏の支城。
新井城	神奈川県三浦市	三浦氏の本城。後に北条氏が攻略。
玉縄城	神奈川県鎌倉市	北条氏が築城。一国一城令で廃城。
津久井城	神奈川県相模原市	内藤氏の本城。小田原平定後に廃城。
小田原城	神奈川県小田原市	大森氏から奪取した北条氏が本城に。
本庄城	新潟県村上市	本庄氏の本城。現在の村上城。
平林城	新潟県村上市	色部氏の本城。会津転封により廃城。
新発田城	新潟県新発田市	新発田氏の本城。後に新発田藩の藩庁。
雑太城	新潟県佐渡市	本間氏の本城。一国一城令で廃城。
本与板城	新潟県長岡市	直江氏の本城。後に与板城に移転。
栃尾城	新潟県長岡市	上杉謙信が春日山城に入るまで在城。
栖吉城	新潟県長岡市	古志長尾氏の本城。御館の乱で落城。
赤田城	新潟県刈羽村	上杉謙信に重用された斎藤氏の本城。
北条城	新潟県柏崎市	北条氏の本城。御館の乱で落城。
上条城	新潟県柏崎市	越後守護上杉氏の一族上条氏の本城。
柿崎城	新潟県上越市	柿崎氏の本城。詰の城が猿毛城か。
不動山城	新潟県糸魚川市	越後守護上杉氏の一族山本寺氏の本城。
坂戸城	新潟県南魚沼市	上田長尾氏の本城。江戸時代に廃城。
春日山城	新潟県上越市	上杉氏の本城。後に福島城へ。
鮫ヶ尾城	新潟県妙高市	上杉氏の支城。御館の乱で落城。
鳥坂城	新潟県胎内市	中条氏の本城。会津転封により廃城。
鴨ヶ嶽城	長野県中野市	高梨氏の本城。山麓に居館を設置。
葛尾城	長野県坂城町	村上氏の本城。後に武田氏が攻略。

松尾城	長野県上田市	真田氏の本城。後に上田城を築城。
内山城	長野県佐久市	大井氏の本城。後に武田氏に降伏。
林城	長野県松本市	小笠原氏の本城。後に武田氏が攻略。
上原城	長野県諏訪市	諏訪氏の本城。後に武田氏が攻略。
高遠城	長野県伊那市	高遠氏の本城。後に武田氏が攻略。
木曾福島城	長野県木曽町	木曾氏の本城。関東転封により廃城。
神之峰城	長野県飯田市	知久氏の本城。後に武田氏が攻略。
躑躅ヶ崎館	山梨県甲府市	武田氏の居館。詰の城が要害山城。
谷村城	山梨県都留市	小山田氏の本城。江戸時代に廃城。
下山城	山梨県身延町	穴山氏の本城。下山館、穴山氏館。
堀越御所	静岡県伊豆の国市	堀越公方足利氏の御所。北条氏が攻略。
韮山城	静岡県伊豆の国市	北条早雲が居城。江戸時代に廃城。
葛山城	静岡県裾野市	葛山氏の本城。武田氏の滅亡で廃城。
興国寺城	静岡県沼津市	北条早雲による伊豆討ち入りの拠点。
大宮城	静岡県富士宮市	富士氏の本城。武田氏の侵攻で陥伏。
駿府館	静岡県静岡市	今川氏の居館。現在の駿府城の場所か。
掛川城	静岡県掛川市	朝比奈氏の本城。今川氏真が籠城。
高天神城	静岡県掛川市	小笠原氏の本城。徳川・武田氏が争奪戦。
引間城	静岡県浜松市	飯尾氏の本城。現在の浜松城。
堀江城	静岡県浜松市	大沢氏の本城。明治維新後に立藩。
井伊谷城	静岡県浜松市	井伊氏の本城。江戸時代には廃城。
犬居城	静岡県浜松市	天野氏の本城。後に徳川氏が攻略。
高根城	静岡県浜松市	奥山氏の本城。長篠の戦い後に廃城。
松倉城	富山県魚津市	椎名氏の本城。後に上杉氏が攻略。
富山城	富山県富山市	神保氏の本城。後に増山城へ。
増山城	富山県砺波市	富山城を失った神保氏の拠点。
蓮沼城	富山県小矢部市	遊佐氏の本城。後に一向一揆が攻略。
松波城	石川県能登町	松波氏の本城。後に上杉氏が攻略。
穴水城	石川県穴水町	長氏の本城。後に上杉氏が攻略。
七尾城	石川県七尾市	畠山氏の本城。上杉・織田氏が争奪戦。
高尾城	石川県金沢市	富樫氏の本城。後に一向一揆が攻略。
鳥越城	石川県白山市	加賀一向一揆の拠点。織田氏が攻略。
戌山城	福井県大野市	朝倉氏の支城。大野城の築城で廃城。
一乗谷城	福井県福井市	朝倉氏の本城。織田信長によって陥落。
金ヶ崎城	福井県敦賀市	朝倉氏の支城。金ヶ崎の退き口の舞台。
佐柿国吉城	福井県美浜町	粟屋氏の本城。朝倉氏を度々撃退。
後瀬山城	福井県小浜市	若狭守護武田氏の本城。山麓に居館。
高浜城	福井県高浜町	逸見氏の本城。小浜城の築城で廃城。
高原諏訪城	岐阜県飛騨市	江馬氏の本城。姉小路氏が攻略。
古川城	岐阜県飛騨市	姉小路氏の流れをくむ古川氏の本城。
帰雲城	岐阜県白川村	内ヶ島氏の本城。天正地震で埋没。
郡上八幡城	岐阜県郡上市	遠藤氏の本城。八幡城とも。

岩村城	岐阜県恵那市	遠山氏の本城。織田・武田氏が争奪戦。
稲葉山城	岐阜県岐阜市	土岐氏を追放した斎藤道三の居城。
川手城	岐阜県岐阜市	美濃守護土岐氏の本城。革手城とも。
菩提山城	岐阜県垂井町	竹中氏の本城。江戸時代には陣屋。
今尾城	岐阜県海津市	市橋氏の本城。江戸時代には陣屋。
長篠城	愛知県新城市	菅沼氏の本城。長篠の戦いの舞台。
古宮城	愛知県新城市	三河に進出した武田氏が築城か。
牛久保城	愛知県豊川市	牧野氏の本城。後に今橋城も築城。
田原城	愛知県田原市	戸田氏の本城。後に今川氏が攻略。
岡崎城	愛知県岡崎市	松平氏の本城。家康の代に徳川氏に。
西条城	愛知県西尾市	吉良氏の本城。現在の西尾市。
寺部城	愛知県豊田市	鈴木氏の本城。江戸時代には陣屋。
緒川城	愛知県東浦町	水野氏の本城。対岸に刈谷城も築城。
坂部城	愛知県阿久比町	久松氏の本城。阿久比城・阿古居城。
大野城	愛知県常滑市	佐治氏の本城。宮山城とも。
岩倉城	愛知県岩倉市	尾張上四郡守護代織田氏の本城。
清洲城	愛知県清須市	尾張下四郡守護代織田氏の本城。
神戸城	三重県鈴鹿市	神戸氏の本城。後に織田氏に降伏。
亀山城	三重県亀山市	関氏の本城。江戸時代は亀山藩庁。
長野城	三重県津市	長野氏の本城。後に織田氏が攻略。
大河内城	三重県松阪市	大河内氏の本城。後に北畠氏の本城。
田丸城	三重県玉城町	田丸氏の本城。後に織田信雄が入城。
波切城	三重県志摩市	九鬼氏の本城。後に鳥羽城を築城。
小谷城	滋賀県長浜市	浅井氏の本城。後に織田氏が攻略。
上平寺城	滋賀県米原市	京極氏の本城。山麓には平時の居館。
鎌刃城	滋賀県米原市	江北と江南の境に位置する境目の城。
観音寺城	滋賀県近江八幡市	六角氏の本城。後に織田氏が攻略。
日野城	滋賀県日野町	蒲生氏の本城。中野城とも。
朽木城	滋賀県高島市	朽木氏の本城。江戸時代には陣屋。
古市城	奈良県奈良市	古市氏の本城。筒井氏に敗北。
筒井城	奈良県大和郡山市	筒井氏の本城。郡山城の築城で廃城。
龍王山城	奈良県天理市	十市氏の本城。織田信長により廃城。
箸尾城	奈良県広陵町	箸尾氏の本城。筒井氏に敗北。
貝吹山城	奈良県高取町	越智氏の本城。越智城からの移城。
新宮城	和歌山県新宮市	堀内氏の本城。近世新宮城とは別。
手取城	和歌山県日高川町	玉置氏の本城。関ヶ原合戦で改易。
亀山城	和歌山県御坊市	湯河氏の本城。紀州攻めで陥落。
大野城	和歌山県海南市	畠山氏の本城。広城、鳥屋城へ移転。
飯盛城	大阪府大東市・四條畷市	三好長慶が居城とし、当城で死去。
芥川山城	大阪府高槻市	三好長慶の支城。麓の芥川城とは別。
茨木城	大阪府茨木市	茨木氏の本城。一国一城令で廃城。

若江城	大阪府東大阪市	河内守護代遊佐氏の本城。
高屋城	大阪府羽曳野市	河内守護畠山氏の本城。古墳を利用。
池田城	大阪府池田市	池田氏の本城。後に荒木村重の支城。
花の御所	京都府京都市	足利将軍家の御所。二条御所に移転。
八木城	京都府南丹市	内藤氏の本城。
建部山城	京都府舞鶴市	一色氏の本城。織田氏が攻略。
此隅山城	兵庫県豊岡市	山名氏の本城。後に有子山城に移転。
黒井城	兵庫県丹波市	荻野氏の本城。織田氏が攻略。
八上城	兵庫県篠山市	波多野氏の本城。織田氏が攻略。
山下城	兵庫県川西市	塩川氏の本城。一庫城とも。
伊丹城	兵庫県伊丹市	伊丹氏の本城。荒木村重が有岡城に。
越水城	兵庫県西宮市	瓦林氏の本城。織田信長により廃城。
三木城	兵庫県三木市	別所氏の本城。織田氏が攻略。
御着城	兵庫県姫路市	小寺氏の本城。茶臼山城、天川城。
置塩城	兵庫県姫路市	赤松氏の本城。豊臣秀吉により廃城。
鶏籠山城	兵庫県たつの市	赤松氏の本城。近世には麓に龍野城。
上月城	兵庫県佐用町	上月氏の本城。織田氏が攻略。
由良城	兵庫県洲本市	安宅氏の本城。古由良城とも。
天神山城	鳥取県鳥取市	因幡守護山名氏の本城。布勢天神山城。
竹場城	鳥取県八頭町	因幡毛利氏の本城。私部城とも。
若桜城	鳥取県若桜町	矢部氏の本城。若桜鬼ヶ城とも。
羽衣石城	鳥取県湯梨浜町	南条氏の本城。関ヶ原合戦後に廃城。
岩倉城	鳥取県倉吉市	小鴨氏の本城。関ヶ原合戦後に廃城。
三星城	岡山県美作市	後藤氏の本城。宇喜多氏が攻略。
高田城	岡山県真庭市	三浦氏の本城。高田城とも。
天神山城	岡山県和気町	浦上氏の本城。宇喜多氏が攻略。
沼城	岡山県岡山市	宇喜多氏の本城。後に岡山城に移転。
備中高松城	岡山県岡山市	毛利氏と織田氏との間で争奪戦に。
備中松山城	岡山県高梁市	三村氏の本城。備中兵乱で落城。
猿掛城	岡山県倉敷市・矢掛町	庄氏の本城。後に毛利氏の支城。
国府尾城	島根県隠岐の島町	隠岐氏の本城。一国一城令で廃城。
月山富田城	島根県安来市	尼子氏の本城。松江城の築城で廃城。
山吹城	島根県大田市	城主は本城氏。大森銀山を守備。
七尾城	島根県益田市	益田氏の本城。関ヶ原合戦後に廃城。
三本松城	島根県津和野町	吉見氏の本城。現在の津和野城。
郡山城	広島県安芸高田市	毛利氏の本城。吉田郡山城とも。
日山城	広島県北広島町	吉川氏の本城。小倉山城から移転。
神辺城	広島県福山市	杉原氏の本城。福山城の築城で廃城。
新高山城	広島県三原市	小早川氏の本城。高山城から移転。
銀山城	広島県廿日市市	武田氏の本城。佐東銀山城とも。
青陰城	広島県尾道市	三島村上水軍・因島村上氏の本城。
上関城	山口県上関町	村上水軍の流れをくむ上関水軍の拠点。

若山城	山口県周南市	陶氏の本城。厳島の戦いで敗死。
大内氏館	山口県山口市	大内氏の居館。背後に詰の城の高嶺城。
荒滝山城	山口県宇部市	長門守護代内藤氏の本城。
勝山城	山口県下関市	大内氏の支城。幕末には麓に勝山御殿。
勝瑞城	徳島県藍住町	三好氏の本城。後に長宗我部氏が攻略。
一宮城	徳島県徳島市	一宮氏の本城。徳島城の築城で廃城。
上桜城	徳島県吉野川市	三好氏の重臣篠原氏の本城。
白地城	徳島県三好市	大西氏の本城。長宗我部氏の本陣にも。
海部城	徳島県海陽町	海部氏の本城。後に長宗我部氏が攻略。
雨滝城	香川県東かがわ市	安富氏の本城。三好氏に服属して退去。
十河城	香川県高松市	十河氏の本城。後に長宗我部氏が攻略。
勝賀城	香川県高松市	香西氏の本城。後に藤尾城に移転。
聖通寺城	香川県宇多津町	奈良氏の本城。高松城の築城で廃城。
天霧城	香川県丸亀市	香川氏の本城。四国攻めで落城。
金子城	愛媛県新居浜市	金子氏の本城。四国攻めで落城。
湯築城	愛媛県松山市	河野氏の本城。松山城の築城で廃城。
来島城	愛媛県今治市	三島村上水軍・来島村上氏の本城。
能島城	愛媛県今治市	三島村上水軍・能島村上氏の本城。
地蔵ヶ嶽城	愛媛県大洲市	伊予宇都宮氏の本城。現在の大洲城。
黒瀬城	愛媛県西予市	西園寺氏の本城。松葉城から移転。
安芸城	高知県安芸市	安芸氏の本城。長宗我部氏が攻略。
本山城	高知県本山町	本山氏の本城。長宗我部氏に服属。
岡豊城	高知県南国市	長宗我部氏の本城。浦戸城へ移転。
吉良城	高知県高知市	吉良氏の本城。長宗我部氏に服属。
姫野々城	高知県津野町	津野氏の本城。長宗我部氏に服属。
中村城	高知県四万十市	一条氏の本城。長宗我部氏が攻略。
門司城	福岡県北九州市	門司氏の本城。大友・毛利氏が争奪戦。
長野城	福岡県北九州市	長野氏の本城。九州攻め後に廃城。
城井谷城	福岡県築上町	城井氏の本城。後に黒田氏が攻略。
立花山城	福岡県福岡市ほか	立花氏の本城。福岡城の築城で廃城。
古処山城	福岡県朝倉市	秋月氏の本城。九州攻めで降伏開城。
有智山城	福岡県太宰府市	少弐氏の本城。後に大内氏に敗北。
高祖城	福岡県糸島市	原田氏の本城。九州攻め後に廃城。
山下城	福岡県八女市	上蒲池氏の本城。関ヶ原合戦で廃城。
柳川城	福岡県柳川市	蒲池氏の本城。龍造寺氏が攻略。
勝尾城	佐賀県鳥栖市	筑紫氏の本城。九州平定後に廃城。
勢福寺城	佐賀県神埼市	江上氏の本城。少弐氏を庇護。
村中城	佐賀県佐賀市	龍造寺氏の本城。後の佐賀城。
岸岳城	佐賀県唐津市	波多氏の本城。唐津城の築城で廃城。
獅子ヶ城	佐賀県唐津市	鶴田氏の本城。後に波多氏に服属。
金石城	長崎県対馬市	宗氏の本城。近世は桟原城を築城。
亀丘城	長崎県壱岐市	波多氏の本城。後に日高氏が攻略。

江川城	長崎県五島市	宇久氏の本城。後に五島氏に改姓。
勝尾嶽城	長崎県平戸市	松浦氏の本城。白狐山城とも。
三城	長崎県大村市	大村氏の本城。玖島城の築城で廃城。
日野江城	長崎県南島原市	有馬氏の本城。有馬氏の改易で廃城。
木付城	大分県杵築市	木付氏の本城。現在の杵築城。
大友氏館	大分県大分市	大友氏の居館。後に島津氏が攻略。
丹生島城	大分県臼杵市	大友宗麟の拠点。現在の臼杵城。
栂牟礼城	大分県佐伯市	佐伯氏の本城。大友氏が攻略。
岡城	大分県竹田市	志賀氏の本城。豊薩竹田城とも。
田中城	熊本県和水町	和仁氏の本城。肥後国衆一揆で廃城。
筒ヶ嶽城	熊本県荒尾市	小代氏の本城。九州攻めで本領安堵。
隈府城	熊本県菊池市	菊池氏の本城。肥後国衆一揆で廃城。
岩尾城	熊本県山都町	阿蘇氏の本城。平時の居館が浜の館。
宇土城	熊本県宇土市	宇土氏の本城。近世宇土城とは別。
人吉城	熊本県人吉市	相良氏の本城。後に人吉藩の藩庁。
松尾城	宮崎県延岡市	縣土持氏の本城。縣とも。
財部城	宮崎県高鍋町	財部土持氏の本城。現在の高鍋城。
都於郡城	宮崎県西都市	伊東氏の本城。一国一城令により廃城。
都之城	宮崎県都城市	北郷氏の本城。一国一城令により廃城。
志布志城	鹿児島県志布志市	新納氏の本城。一国一城令により廃城。
高山城	鹿児島県肝付町	肝付氏の本城。後に島津氏が攻略。
太良城	鹿児島県伊佐市	菱刈氏の本城。後に島津氏に降伏。
蒲生城	鹿児島県姶良市	蒲生氏の本城。後に島津氏が攻略。
岩剣城	鹿児島県姶良市	祁答院氏の本城。後に島津氏が攻略。
内城	鹿児島県鹿児島市	島津氏の本城。鹿児島城の築城で廃城。
知覧城	鹿児島県南九州市	佐多氏の本城。江戸時代には知覧麓。
勾城	鹿児島県西之表市	種子島氏の本城。後に西之表麓に。
南川城	鹿児島県屋久島町	屋久島に築かれた種子島氏の支城。
赤木名城	鹿児島県奄美市	奄美大島のグスク。島津氏が攻略。
恩納城	鹿児島県伊仙町	徳之島に築かれた主要なグスク。
与論城	鹿児島県与論町	与論島に築かれた主要なグスク。
伊平名城	沖縄県伊平屋村	伊平屋島に築かれた主要なグスク。
伊是名城	沖縄県伊是名村	伊是名島に築かれた主要なグスク。
伊江城	沖縄県伊江村	伊江島に築かれた主要なグスク。
今帰仁城	沖縄県今帰仁村	北山の王城。中山の尚巴志が攻略。
名護城	沖縄県名護市	名護按司の本城であったとの伝承。
座喜味城	沖縄県読谷村	読谷山按司の護佐丸による築城か。
勝連城	沖縄県うるま市	勝連按司の阿麻和利が居城に。
中城城	沖縄県中城村	護佐丸が座喜味城から移して本城に。
浦添城	沖縄県浦添市	首里城以前における中山王の拠点。
首里城	沖縄県那覇市	尚巴志の城で、琉球王国の王城。
具志川城	沖縄県久米島町	久米島に築かれた主要なグスク。

安土桃山時代の城

■ 東北地方

近世

徳山館

脇本城
湊城

東禅寺城

村上城

佐渡

新発田城

米沢城

三条城　越後　神指城　会津若
蔵王堂城

城

福岡城

城

花巻城

横手城

陸奥

岩出山城　寺池城

利府城

城　牛越城

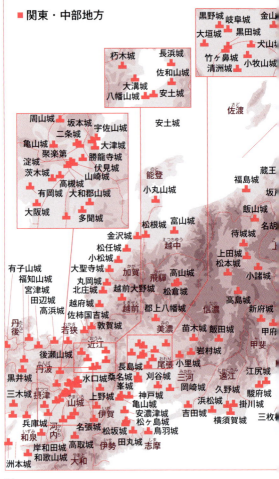

■近畿・中国・四国地方

周山城　坂本城
宇佐山城
二条城
亀山城　　　大津城
聚楽第　勝龍寺城
淀城　　伏見城
茨木城　　山崎城
高槻城
有岡城　大和郡山城
大阪城
信貴山城　　多聞城

隠岐

鳥[取]
鹿野[城]
月山富田城　羽衣石城
出雲　伯耆
瀬戸山城
丸山城　備後
五品嶽城　備中
石見　安芸　岡山城
広島城　三原城　常山城
鎮海山城　　　　丸亀城
甘崎城　　讃岐
長門　長山城　　国分山城
小倉城　勝山城　周防　　　　川之江城
村中城　　　　　　松前城　伊予
筑前　　　　　　地蔵ヶ嶽城　　浦戸城
名島城　岩石城　中津城　富来城
蓮池城　　永山城　高田城　安岐城　　土佐
久留米城　　　　大分府内城　板島城
筑後　角牟礼城　臼杵城　河後森城
山下城
南関城　日隈城
柳川城　江浦城　豊後
日野江城　熊本城　岡城
宇土城　　　松尾城
原城　麦島城　日向

■ 九州地方

対馬(つしま)
清水山城
金石城
勝本城
壱岐(いき)
名護屋城
村□
平戸城
岸□
柳□
肥前(ひぜん)
玖島城
江川城
日野江

瀬戸山城
丸山城　五品嶽城　備後　備中　美作
　　　安芸　　　　　　　　　　　　備前
石見　広島城　鎮海山城　三原城　岡山城　常山城
　　　　　　　　　　　　　　　　　　　　高松城
長門　長山城　　　　　甘崎城　　　丸亀城　引田城
勝山城　　周防　　　国分山城　　　讃岐　阿波
小倉城　　　　　　　　松前城　　　川之江城
　　　筑前　　　富来城　　　　伊予
岩石城　中津城　　　地蔵ヶ嶽城　　　浦戸城
永山城　高田城　安岐城　　　　土佐
久留米城　　　　　　　　　板島城
筑後　角牟礼城　大分府内城　　河後森城
山下城　日隈城　臼杵城
南関城　　豊後
　　　熊本城　岡城
宇土城　　松尾城
麦島城　肥後
　　　　　日向　財部城
人吉城
薩摩
　　　飫肥城
内城
大隅

■安土桃山時代の城

徳山館	北海道松前町	蠣崎慶広。関ヶ原合戦後に福山館に。
堀越城	青森県弘前市	津軽為信。関ヶ原合戦後に弘前城へ。
福岡城	岩手県二戸市	南部信直。関ヶ原合戦前に盛岡城へ。
花巻城	岩手県花巻市	南部氏の支城。関ヶ原合戦で攻防。
脇本城	秋田県男鹿市	安東氏を統一した安東愛季の隠居城か。
湊城	秋田県秋田市	秋田実季。関ヶ原合戦後、常陸宍戸に。
角館城	秋田県仙北市	戸沢盛安。関ヶ原合戦後、常陸松岡に。
横手城	秋田県横手市	小野寺義道。関ヶ原合戦により改易。
本堂城	秋田県美郷町	本堂忠親。関ヶ原合戦後、常陸志筑に。
寺池城	宮城県登米市	木村吉清。葛西・大崎一揆が攻略。
岩出山城	宮城県大崎市	伊達政宗。関ヶ原合戦後に仙台城へ。
利府城	宮城県利府町	留守氏の改易により廃城。
東禅寺城	山形県酒田市	上杉氏の支城。関ヶ原合戦後に開城。
東根城	山形県東根市	最上氏の支城。寛文元(1661)年廃城。
山形城	山形県山形市	最上義光。後に御家騒動で改易。
米沢城	山形県米沢市	直江兼続。関ヶ原合戦後、上杉氏が入城。
福島城	福島県福島市	上杉氏の支城。関ヶ原合戦で攻防。
牛越城	福島県南相馬市	相馬義胤。関ヶ原合戦後に中村城へ。
大館城	福島県いわき市	岩城貞隆。関ヶ原合戦後、出羽亀田に。
長沼城	福島県須賀川市	蒲生氏郷の支城。一国一城令で廃城。
会津若松城	福島県会津若松市	蒲生氏郷、上杉景勝が城主。
神指城	福島県会津若松市	上杉景勝が関ヶ原合戦前に築城。
鴫山城	福島県南会津町	上杉氏の支城。大国実頼が城代。
水戸城	茨城県水戸市	佐竹義重。関ヶ原合戦で出羽久保田へ。
笠間城	茨城県笠間市	笠間綱家。小田原平定後、宇都宮氏が攻略。
江戸崎城	茨城県稲敷市	蘆名盛広。関ヶ原合戦後に出羽角館へ。
牛久城	茨城県牛久市	由良国繁。元和9(1623)年に廃城。
下館城	茨城県筑西市	水谷勝俊。江戸時代に備中成羽へ。
下妻城	茨城県下妻市	多賀谷重経。豊臣秀吉により改易。
結城城	茨城県結城市	徳川家康の次男・秀康が結城氏の養子。
古河城	茨城県古河市	小笠原秀政。後に古河藩の藩庁。
関宿城	千葉県野田市	松平(久松)康元。後に関宿藩の藩庁。
臼井城	千葉県佐倉市	酒井家次。佐倉城の完成により廃城。
大多喜城	千葉県大多喜町	本多忠勝。正木氏の小田喜城を改修。
久留里城	千葉県君津市	大須賀忠政。後に久留里藩の藩庁。
佐貫城	千葉県富津市	内藤家長・政長。後に佐貫藩の藩庁。
館山城	千葉県館山市	里見義康。後に里見氏の改易で廃城。
黒羽城	栃木県大田原市	大関資増。江戸時代は黒羽陣屋。

大田原城	栃木県大田原市	大田原晴清。江戸時代も大田原城主。
福原城	栃木県大田原市	那須資景。小田原平定後に一時改易。
喜連川城	栃木県さくら市	喜連川国朝・頼氏。江戸時代は麓に陣屋。
烏山城	栃木県那須烏山市	小田原平定で那須氏は改易、成田氏に。
宇都宮城	栃木県宇都宮市	宇都宮国綱の改易後、蒲生秀行が城主
栃木城	栃木県栃木市	皆川広照。慶長14(1609)年に改易。
唐沢山城	栃木県佐野市	佐野房綱。江戸時代は山麓に陣屋。
館林城	群馬県館林市	榊原康政。後に館林藩の藩庁。
沼田城	群馬県沼田市	真田信幸。後に沼田藩の藩庁。
名胡桃城	群馬県みなかみ町	真田昌幸が沼田攻略のために築城。
白井城	群馬県渋川市	本多康重。元和9(1623)年に廃城。
箕輪城	群馬県高崎市	井伊直政。関ヶ原合戦前、高崎城に。
厩橋城	群馬県前橋市	滝川一益・平岩親吉。後の前橋城。
藤岡城	群馬県藤岡市	依田康勝。関ヶ原合戦後改易。
本庄城	埼玉県本庄市	小笠原信嶺・信之。後に廃城。
深谷城	埼玉県深谷市	松平(長沢)康直、松平忠輝らが城主。
忍城	埼玉県行田市	家康の四男・松平忠吉が城主。
羽生城	埼玉県羽生市	大久保忠隣。慶長19(1614)年に廃城。
武蔵松山城	埼玉県吉見町	松平(桜井)家広。後に廃城。
川越城	埼玉県川越市	酒井重忠。後に川越藩の藩庁。
岩槻城	埼玉県さいたま市	高力清長。後に岩槻藩の藩庁。
江戸城	東京都千代田区	徳川家康。関ヶ原合戦後、幕府の政庁。
小田原城	神奈川県小田原市	北条氏の本城。大久保忠世が入城。
石垣山城	神奈川県小田原市	小田原攻めにおける豊臣秀吉の陣城。
韮山城	神奈川県伊豆の国市	内藤信成。慶長6(1601)年に廃城。
下田城	静岡県下田市	戸田忠次・尊次。後に廃城。
三枚橋城	静岡県沼津市	中村一栄。慶長19(1614)年に廃城。
江尻城	静岡県静岡市	穴山信君・勝千代。後に廃城。
駿府城	静岡県静岡市	中村一氏。後に徳川家康の隠居城。
掛川城	静岡県掛川市	山内一豊。関ヶ原合戦後、土佐高知へ。
横須賀城	静岡県掛川市	大須賀康高・忠政、渡瀬繁詮らが城主。
久野城	静岡県袋井市	松下之綱・重綱。後に廃城。
浜松城	静岡県浜松市	堀尾吉晴。関ヶ原合戦後、出雲松江へ。
甲府城	山梨県甲府市	加藤光泰、浅野長政・幸長らが城主。
新府城	山梨県韮崎市	武田勝頼が対織田氏のために築城。
村上城	新潟県村上市	村上頼勝が中世の本庄城を近世城郭化。
新発田城	新潟県新発田市	溝口秀勝。江戸時代は新発田藩庁。
三条城	新潟県三条市	堀秀治の支城。寛永19(1642)年に廃城。
蔵王堂城	新潟県長岡市	堀秀治の支城。長岡築城により廃城。
坂戸城	新潟県南魚沼市	堀秀治の家臣堀直竒が近世城郭に改修。
福島城	新潟県上越市	堀秀治の支城。高田築城により廃城。
飯山城	長野県飯山市	関一政。江戸時代は飯山藩の藩庁。

城名	所在地	備考
待城城	長野県長野市	森忠政。海津城から改名。後の松代城。
上田城	長野県上田市	真田昌幸。関ヶ原合戦後、一時、破却。
小諸城	長野県小諸市	仙石秀久。子の忠政が信濃上田に転封。
松本城	長野県松本市	深志城から改名。石川数正・康長が城主。
高島城	長野県諏訪市	日根野高吉が築城。後に下野壬生城へ。
飯田城	長野県飯田市	毛利秀頼、京極高知らが近世城郭に。
富山城	富山県富山市	佐々成政が改修。後に前田利家の支城。
松根城	富山県小矢部市	佐々成政が小牧・長久手の戦いで改修。
高山城	岐阜県高山市	金森長近。江戸時代は麓に天領陣屋。
松倉城	岐阜県高山市	姉小路頼綱が築城。高山築城で廃城。
郡上八幡城	岐阜県郡上市	稲葉貞通。関ヶ原合戦後、豊後臼杵へ。
苗木城	岐阜県中津川市	河尻直次。関ヶ原合戦で改易。
岩村城	岐阜県恵那市	田丸直昌。関ヶ原合戦で改易。
小里城	岐阜県瑞浪市	小里光明の本城。森長可に敗北。
金山城	岐阜県可児市	森長可・忠政。関ヶ原合戦後に廃城。
黒野城	岐阜県岐阜市	加藤貞泰が築城。江戸時代初期に廃城。
岐阜城	岐阜県岐阜市	織田信長・信忠。加納築城により廃城。
大垣城	岐阜県大垣市	伊藤盛景・盛正。関ヶ原合戦で改易。
竹ヶ鼻城	岐阜県羽島市	一柳直末・杉浦重勝。関ヶ原合戦で落城。
犬山城	愛知県犬山市	石川貞清。関ヶ原合戦で改易。
黒田城	愛知県一宮市	一柳直盛。関ヶ原合戦後に廃城。
小牧山城	愛知県小牧市	織田信長が築城。小牧の戦いの舞台。
清洲城	愛知県清須市	織田信長・信雄。名古屋築城により廃城。
刈谷城	愛知県刈谷市	水野忠重。後に刈谷藩の藩庁。
岡崎城	愛知県岡崎市	田中吉政。関ヶ原合戦後、筑後柳川へ。
吉田城	愛知県豊橋市	池田輝政。関ヶ原合戦後、播磨姫路へ。
金沢城	石川県金沢市	賤ヶ岳の戦い後から前田氏の本城。
小丸山城	石川県七尾市	前田利家が七尾城から移転して築城。
松任城	石川県白山市	前田利家の子・利長が改修。後に松任城。
小松城	石川県小松市	丹羽長重。一国一城令で一時、廃城。
大聖寺城	石川県加賀市	山口宗永。関ヶ原合戦で東軍が攻略。
丸岡城	福井県坂井市	柴田勝家の甥・柴田勝豊が築城。
北庄城	福井県福井市	柴田勝家。賤ヶ岳の戦いで落城。
越前大野城	福井県大野市	金森長近が築き、戌山城から移転。
越前城	福井県越前市	前田利家。後に子の利長は松任城へ。
敦賀城	福井県敦賀市	蜂屋頼隆が築城し、大谷吉継が改修。
佐柿国吉城	福井県美浜町	豊臣秀吉の側近・木村常陸介が改修か。
後瀬山城	福井県小浜市	丹羽長秀が改修。小浜築城により廃城。
高浜城	福井県高浜町	丹羽長秀の支城。江戸時代初期に廃城。
長浜城	滋賀県長浜市	豊臣秀吉の築城。大阪の陣後に廃城。
佐和山城	滋賀県彦根市	丹羽長秀・石田三成。関ヶ原合戦で落城。
安土城	滋賀県近江八幡市	織田信長。本能寺の変後に廃城。

八幡山城	滋賀県近江八幡市	豊臣秀次。文禄4(1595)年に廃城。
水口城	滋賀県甲賀市	中村一氏が築城。水口岡山城とも。
朽木城	滋賀県高島市	朽木元綱。江戸時代の藩庁は朽木陣屋。
大溝城	滋賀県高島市	津田(織田)信澄が築城。後に廃城。
坂本城	滋賀県大津市	明智光秀が築城。大津城築城により廃城。
宇佐山城	滋賀県大津市	森可成が築城。志賀の陣でも陥落せず。
大津城	滋賀県大津市	京極高次。関ヶ原合戦で降伏開城。
長島城	三重県桑名市	滝川一益。織田信雄も一時的に居城。
桑名城	三重県桑名市	氏家行広。関ヶ原合戦で改易。
神戸城	三重県鈴鹿市	神戸氏を継いだ織田信孝が近世城郭に。
峯城	三重県亀山市	小牧・長久手の戦いで争奪戦に。
亀山城	三重県亀山市	岡本良勝が近世城郭として改修。
安濃津城	三重県津市	後の津城。織田信包が近世城郭に。
上野城	三重県伊賀市	筒井定次。慶長13(1608)年に改易。
名張城	三重県名張市	松倉重信・重政。後に肥前島原へ。
松ヶ島城	三重県松阪市	織田信雄が築城。蒲生氏郷が松坂城へ。
松坂城	三重県松阪市	蒲生氏郷が松ヶ島城を廃して築城。
田丸城	三重県玉城町	織田信雄が大改修。後に松ヶ島城へ。
鳥羽城	三重県鳥羽市	九鬼嘉隆が近世城郭として築城。
赤木城	三重県熊野市	藤堂高虎が一揆を押さえるため築城。
新宮城	和歌山県新宮市	堀内氏善。近世の新宮城とは別。
田辺城	和歌山県田辺市	杉若無心・氏宗。近世田辺城とは別。
和歌山城	和歌山県和歌山市	豊臣秀長が築き、桑山重晴が城代。
大和郡山城	奈良県大和郡山市	筒井順慶・豊臣秀長・増田長盛が城主。
信貴山城	奈良県平群町	松永久秀。天正5(1577)年に落城。
多聞城	奈良県奈良市	松永久秀の政治的な拠点。後に廃城。
宇陀松山城	奈良県宇陀市	大和郡山城の支城。大阪の陣後に廃城。
高取城	奈良県高取町	大和郡山城の支城として近世城郭に。
岸和田城	大阪府岸和田市	小出秀政が近世城郭として改修。
大阪城	大阪府大阪市	豊臣秀吉が築城。大阪夏の陣で落城。
茨木城	大阪府茨木市	中川清秀が改修。一国一城令で廃城。
高槻城	大阪府高槻市	高山右近・新庄直頼。後に高槻藩庁。
山崎城	京都府大山崎町	大阪城に移るまで豊臣秀吉が居城。
勝龍寺城	京都府長岡京市	細川藤孝が改修。江戸時代に廃城。
淀城	京都府京都市	豊臣秀吉が築城。近世の淀城とは別。
伏見城	京都府京都市	豊臣秀吉の隠居城。関ヶ原合戦で落城。
二条城	京都府京都市	織田信長が足利義昭のために築城。
聚楽第	京都府京都市	豊臣秀吉の政庁。文禄4(1595)年に廃城。
周山城	京都府京都市	明智光秀が築き、明智光忠が城主。
亀山城	京都府亀岡市	明智光秀・前田玄以。後に亀山藩庁。
宮津城	京都府宮津市	細川藤孝が築き、後に田辺城に隠居。
田辺城	京都府舞鶴市	細川藤孝の隠居城。関ヶ原合戦で開城。

福知山城	京都府福知山市	明智光秀が築き、明智秀満が城主。
黒井城	兵庫県丹波市	明智光秀の重臣・斎藤利三が改修。
有岡城	兵庫県伊丹市	伊丹城を荒木村重が改修。後に廃城。
兵庫城	兵庫県神戸市	池田恒興が築城。後に大坂城へ。
船上城	兵庫県明石市	高山右近が改修。明石築城で廃城。
洲本城	兵庫県洲本市	仙石秀久・脇坂安治。近世は山麓に。
叶堂城	兵庫県南あわじ市	豊臣秀吉の属城。関ヶ原合戦で廃城。
三木城	兵庫県三木市	豊臣秀吉の直轄。一国一城令で廃城。
加古川城	兵庫県加古川市	糟屋武則。一国一城令で廃城。
姫路城	兵庫県姫路市	豊臣秀吉の居城。中国平定の拠点に。
竹田城	兵庫県朝来市	赤松広秀の時代に近世城郭に改修。
八木城	兵庫県養父市	別所重宗。関ヶ原合戦後に廃城。
有子山城	兵庫県豊岡市	前野長康。出石築城により廃城。
豊岡城	兵庫県豊岡市	宮部継潤、杉原長房に改修。
桐山城	鳥取県岩美町	垣屋光成・恒総。関ヶ原合戦後に廃城。
鳥取城	鳥取県鳥取市	宮部継潤・長房。関ヶ原合戦で開城。
若桜城	鳥取県若桜町	木下重堅。一国一城令で廃城。
鹿野城	鳥取県鳥取市	亀井茲矩が改修。後に廃城。
羽衣石城	鳥取県湯梨浜町	南条元続・元忠。関ヶ原合戦後に廃城。
岡山城	岡山県岡山市	宇喜多直家・秀家。関ヶ原合戦で改易。
常山城	岡山県岡山市	宇喜多氏の家老・戸川達安は東軍に。
月山富田城	島根県安来市	吉川広家。松江築城により廃城。
瀬戸山城	島根県飯南町	関ヶ原合戦後に改修。赤穴瀬戸山城。
丸山城	島根県川本町	小笠原長ން。関ヶ原合戦後に廃城。
五品嶽城	広島県庄原市	毛利氏に従う宮氏の本城。
三原城	広島県三原市	小早川隆景が新高山城から移り、整備。
鎮海山城	広島県竹原市	能島を退去した村上氏の本城。
広島城	広島県広島市	毛利輝元。関ヶ原合戦後、長門萩へ。
長山城	山口県山口市	毛利輝元。関ヶ原合戦後、長門櫛崎へ。
勝山城	山口県下関市	毛利氏の支城。江戸時代は陣屋。
引田城	香川県東かがわ市	仙石秀久・生駒親正。一国一城令で廃城。
十河城	香川県高松市	十河存保。戸次川の戦いで討死。
高松城	香川県高松市	生駒親正。後に生駒騒動で出羽矢島に。
丸亀城	香川県丸亀市	生駒親正の支城。後に丸亀藩庁。
徳島城	徳島県徳島市	蜂須賀家政が一宮城を廃して築城。
住吉城	徳島県藍住町	赤松則房。関ヶ原合戦で改易。
浦戸城	高知県高知市	長宗我部元親。高知築城により廃城。
川之江城	愛媛県四国中央市	加藤嘉明が改修。仏殿城とも。
甘崎城	愛媛県今治市	藤堂高虎の属城。江戸時代に廃城。
国分山城	愛媛県今治市	池田秀氏・小川祐忠。今治築城で廃城。
松前城	愛媛県松前町	加藤嘉明。松山築城により廃城。
地蔵ヶ嶽城	愛媛県大洲市	藤堂高虎が改修。後の大洲城。

板島城	愛媛県宇和島市	藤堂高虎が改修。後の宇和島城。
河後森城	愛媛県松野町	板島城の支城。一国一城令で廃城。
小倉城	福岡県北九州市	毛利勝信。関ヶ原合戦で改易。
岩石城	福岡県添田町	小倉城の支城。一国一城令で廃城。
名島城	福岡県福岡市	小早川隆景・秀秋。福岡築城により廃城。
久留米城	福岡県久留米市	小早川秀包。関ヶ原合戦で改易。
柳川城	福岡県柳川市	立花宗茂。関ヶ原合戦後、一旦、改易。
山下城	福岡県八女市	筑紫広門。関ヶ原合戦後に廃城。
江浦城	福岡県みやま市	高橋直次。後に筑後内山城に移転。
村中城	佐賀県佐賀市	龍造寺政家。後の佐賀城。
蓮池城	佐賀県佐賀市	鍋島直茂。後に村中城に移転。
岸岳城	佐賀県唐津市	波多親。唐津築城により廃城。
名護屋城	佐賀県唐津市	朝鮮出兵における豊臣秀吉の本陣。
清水山城	長崎県対馬市	文禄・慶長の役に際して築城。
金石城	長崎県対馬市	宗義調。江戸時代に近世城郭化。
勝本城	長崎県壱岐市	文禄・慶長の役に際して築城。
平戸城	長崎県平戸市	松浦鎮信。後に一旦、廃城。
江川城	長崎県五島市	五島純玄。慶長19(1614)年に焼失。
久島城	長崎県大村市	大村喜前。後に大村藩の藩庁。
日野江城	長崎県南島原市	有馬晴信。島原築城により廃城。
原城	長崎県南島原市	日野江城の支城。島原の乱の激戦地。
南関城	熊本県南関町	加藤清正の支城。一国一城令で廃城。
熊本城	熊本県熊本市	加藤清正が改修。後に加藤氏は改易。
宇土城	熊本県宇土市	小西行長。島原の乱後に破却。
麦島城	熊本県八代市	宇土城の支城。八代築城により廃城。
佐敷城	熊本県芦北町	加藤清正の支城。一国一城令で廃城。
水俣城	熊本県水俣市	関ヶ原合戦で東軍が集結。
人吉城	熊本県人吉市	相良頼房。関ヶ原合戦で本領安堵。
中津城	大分県中津市	黒田孝高。関ヶ原合戦後、筑前福岡へ。
高田城	大分県豊後高田市	竹中重利。関ヶ原合戦で改易。
富来城	大分県国東市	垣見家純。関ヶ原合戦で開城。
安岐城	大分県国東市	熊谷直陳。関ヶ原合戦で開城。
大分府内城	大分県大分市	早川長政。関ヶ原合戦で改易。
臼杵城	大分県臼杵市	太田一吉が近世城郭に改修。
永山城	大分県日田市	日田が天領となり、陣屋が置かれ廃城。
日隈城	大分県日田市	毛利高政。一国一城令で廃城。
角牟礼城	大分県玖珠町	毛利高政が近世城郭に改修。
岡城	大分県竹田市	中川秀成が近世城郭に。後に岡藩庁。
松尾城	宮崎県延岡市	高橋元種。後に延岡に築城、移転。
財部城	宮崎県高鍋町	秋月種実。関ヶ原合戦後に本領安堵。
飫肥城	宮崎県日南市	伊東祐兵。後に飫肥藩の藩庁。
内城	鹿児島県鹿児島市	島津義弘。関ヶ原合戦で本領安堵。

京の城〈洛中〉

二条城	京都府京都市	織田信長が足利義昭のために築城。
二条御所	京都府京都市	織田信長が築き、誠仁親王の御所に。
妙顕寺城	京都府京都市	大阪城を築いた豊臣秀吉が拠点に。
聚楽第	京都府京都市	関白となった豊臣秀吉の政庁。
京都新城	京都府京都市	聚楽第の破却後に豊臣秀吉が築城。
御土居	京都府京都市	京の周囲22.5kmに築造された土塁。

京の城〈洛外〉

槇島城	京都府京都市	足利義昭が籠城して織田信長に抵抗。
淀城	京都府京都市	豊臣秀吉が側室・淀殿のために築城。
勝龍寺城	京都府長岡京市	織田信長の家臣細川藤孝らが在城。
向島城	京都府京都市	豊臣秀吉が伏見城の支城として築城。
指月伏見城	京都府京都市	豊臣秀吉が築いたが、慶長地震で倒壊。
木幡伏見城	京都府京都市	指月伏見城に代わり豊臣秀吉が築城。

陣城

桶狭間の戦い

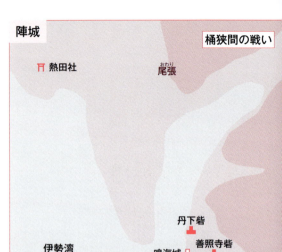

桶狭間の戦い陣城群　　愛知県名古屋市一帯
今川方の鳴海城と大高城を攻略するため、織田信長は鳴海城の周囲に丹下・善照寺・中島砦、大高城の周囲に鷲津・丸根・正光寺・氷上砦を築く。これら織田方の陣城を攻略するため永禄3 (1560) 年に今川義元が出陣し、桶狭間の戦いとなった。

掛川城の戦い陣城群　　静岡県掛川市一帯

永禄11(1568)年、甲斐の武田信玄と三河の徳川家康が密約を結び、今川氏真の領国である駿河・遠江に侵攻。駿河を武田信玄に奪われた氏真が遠江の掛川城に籠城すると、三河から遠江に侵攻した家康は掛川城の周囲に陣城を築き、降伏開城させた。

長篠城の戦い陣城群　　愛知県新城市一帯
長篠城は、元亀3 (1572) 年、武田信玄の西上にあたり武田方となっていたが、信玄の死後、徳川家康が攻略する。天正3 (1575) 年、信玄の子・勝頼が陣城を築いて包囲すると、家康が織田信長に協力を仰いで救援に向かい、設楽原の戦いとなる。

高天神城の戦い陣城群　　　静岡県掛川市
高天神城は駿河と遠江の国境に近い要衝だった。もともと徳川家康の属城だったが、天正2(1574)年、武田勝頼に奪われてしまう。しかし、長篠の戦い後、家康が陣城を築いて包囲網を敷く。そして、天正8(1580)年に高天神城を攻撃し、翌年に奪還した。

賤ヶ岳の戦い陣城群　　滋賀県長浜市一帯
本能寺の変で織田信長が没すると、柴田勝家・滝川一益らと羽柴秀吉が対立。天正11(1583)年、滝川一益が伊勢で挙兵すると、越前の柴田勝家が呼応した。柴田勝家と羽柴秀吉は賤ヶ岳一帯に陣城を築いて対峙し、こうしたなかで戦闘になった。

小牧の戦い陣城群　　愛知県小牧市一帯
天正12(1584)年、織田信長の次男・信雄が徳川家康と結んで羽柴秀吉との戦いに踏み切った。家康と信雄が小牧山城を本陣として陣城を築くと、羽柴秀吉も犬山城を経て楽田城を本陣として陣城を築く。この後、長久手の戦いで家康が勝利した。

江戸時代の城

- 北海道地方

- ソウヤ陣屋
- テシオ陣屋
- トママイ陣屋
- ルルモッペ陣屋
- マシケ陣屋
- ハママシケ陣屋
- 蝦夷地（えぞち）
- スッツ陣屋
- ヲシャマンベ陣屋
- シラオイ陣屋
- モロラン陣屋
- シベチャリチ
- サワラ陣屋
- 館城
- 戸切地陣屋
- 五稜郭
- 松前城
- 斗南陣屋

シベツ陣屋
トコロチャシ
シャリ陣屋
リンナイチャシ
トマリ陣屋
シベツ陣屋
ユクエピラチャシ
ヲンネモトチャシ
ネモロ陣屋
アッケシ陣屋
モシリヤチャシ
ニロオ陣屋

■ 東北地方

ヲシャマンベ陣屋
館
松前城
弘前
大館
久保田城
亀田陣屋
本荘城　横手
矢島陣屋
亀ヶ崎城　出羽松
出
新庄
鶴ヶ岡城　天童陣
山形
村上城　上山城
佐渡
新発田城　白石
米沢城　福島
村松陣屋

- シラオイ陣屋
- コラン陣屋
- シベチャリチャシ
- ヒロオ陣屋
- ソラ陣屋
- 〇地陣屋
- 稜郭
- 斗南陣屋
- 七戸陣屋
- 〇陣屋
- 八戸陣屋
- 三戸城
- 盛岡城
- 花巻城
- 鍋倉城
- 水沢要害
- 一関陣屋
- 登米要害
- 陸奥
- 涌谷要害
- 台城
- 亘理要害
- 角田要害
- 中村城

■関東・中部地方

出羽・陸奥ほか 城郭・陣屋位置図

- 出羽
- 陸奥
- 亀ヶ崎城
- 出羽松山城
- 一関陣屋
- 登米要害
- 鶴ヶ岡城
- 新庄城
- 天童陣屋
- 涌谷要害
- 村上城
- 山形城
- 仙台城
- 上山城
- 白石城
- 亘理要害
- 新発田城
- 米沢城
- 角田要害
- 中村城
- 村松陣屋
- 福島城
- 下手渡陣屋
- 板陣屋
- 猪苗代城
- 二本松城
- 長岡城
- 会津若松城
- 三春城
- 白河小峰城
- 磐城平城
- 棚倉城
- 大田原城
- 下野
- 黒羽陣屋
- 沼田城
- 喜連川陣屋
- 烏山城
- 松岡城
- 宇都宮城
- 常陸
- 上野
- 前橋城
- 壬生城
- 結城城
- 助川城
- 高崎城
- 館林城
- 笠間城
- 古河城
- 水戸城
- 下館城
- 下妻陣屋
- 小幡陣屋
- 土浦城
- 岡部陣屋
- 忍城
- 関宿城
- 麻生陣屋
- 高岡陣屋
- 武蔵
- 川越城
- 岩槻城
- 佐倉城
- 小見川陣屋
- 谷村城
- 江戸城
- 下総
- 神奈川奉行所
- 品川台場
- 上実陣屋
- 多古陣屋
- 相模
- 佐貫城
- 大多喜城
- 小田原城
- 浦賀奉行所
- 久留里城
- 沼津城
- 金沢陣屋
- 安房
- 伊豆
- 館山陣屋

■ 近畿・中国・四国地方

近畿地方（拡大図）

- 園部陣屋
- 亀山城
- 二条城
- 伏見奉行所
- 淀城
- 膳所城
- 麻田陣屋
- 高槻城
- 尼崎城
- 奈良奉行所
- 大阪城
- 大和郡山城
- 伯太陣屋
- 狭山陣屋
- 岸和田城
- 櫛羅陣屋

中国・四国・九州地方

- 隠岐
- 鹿野
- 松江城
- 米子城
- 倉吉陣
- 出雲
- 広瀬陣屋
- 伯耆
- 勝山城
- 新見陣屋
- 浜田城
- 石見
- 備後
- 備中松山城
- 津
- 三次陣屋
- 足守陣屋
- 吉田陣屋
- 浅尾陣屋
- 萩城
- 津和野
- 広島城
- 安芸
- 三原城
- 岡
- 福山城
- 丸亀城
- 備中
- 山口城
- 岩国城
- 長門
- 周防
- 今治城
- 多度津陣屋
- 長府陣屋
- 徳山陣屋
- 松山城
- 西条陣屋
- 筑前
- 小倉城
- 小松陣屋
- 本山土居
- 福岡城
- 豊前
- 千束陣屋
- 大洲城
- 伊予
- 高知城
- 土
- 秋月陣屋
- 中津陣屋
- 日出城
- 小城
- 森陣屋
- 杵築城
- 宇和島城
- 佐川土居
- 安芸
- 筑後
- 日田陣屋
- 大分府内城
- 窪川土居
- 柳川城
- 久留米城
- 岡城
- 臼杵城
- 宿毛土居
- 佐賀城
- 熊本城
- 肥後
- 豊後
- 佐伯城
- 島原城
- 宇土陣屋
- 延岡城
- 八代城

80

■ 九州地方

対馬(つしま)
桟原城

壱岐(いき)

久留[米]
唐津
平戸城
小城陣[屋]
肥前(ひぜん) 佐賀[城]
鹿島陣屋
玖島城
福江城 長崎奉行所
富[岡]

平[戸]

出雲 伯耆
勝山城 美作
浜田城 石見 新見陣屋
備後 備中松山城 津山城
三次陣屋 足守陣屋 備前
吉田陣屋 浅尾陣屋 岡山城
萩城 津和野城 広島城 安芸 三原城 備中 高松城
福山城 丸亀城
山口城 岩国城 讃岐
長門 周防 今治城 多度津陣屋
長府陣屋 徳山陣屋 西条陣屋 阿波
松山城
筑前 小倉城 小松陣屋 本山土居
城 豊前 千束陣屋 大洲城 伊予 高知城 土佐
秋月陣屋 中津城 佐川土居 安芸土居
筑後 森陣屋 日出城 杵築城
宇和島城 窪川土居
城 日田陣屋 大分府内城 宿毛土居
城 熊本城 岡城 臼杵城
肥後 豊後 佐伯城
宇土陣屋 延岡城
八代城 日向
吉城 高鍋城
出水麓 佐土原城
薩摩 都城麓
児島城 飫肥城
大隅
麓 垂水麓
麓

西之表麓

83

■江戸時代の城

ヲンネモトチャシ	北海道根室市	国史跡・根室半島チャシ跡群の中心。
ネモロ陣屋	北海道根室市	幕末における仙台藩の出張陣屋。
シベツ陣屋	北海道標津町	幕末における会津藩の元陣屋。
シャリ陣屋	北海道斜里町	幕末における会津藩の出張陣屋。
トコロチャシ	北海道北見市	北見アイヌの拠点か。国史跡。
リンナイチャシ	北海道美幌町	美幌アイヌの拠点か。
アッケシ陣屋	北海道厚岸町	幕末における仙台藩の出張陣屋。
モシリヤチャシ	北海道釧路市	トミカラアイノによる築城か。
モンベツ陣屋	北海道紋別市	幕末における会津藩の出張陣屋。
ユクエピラチャシ	北海道陸別町	カネランが拠点にしたとの伝承。
ヒロオ陣屋	北海道広尾町	幕末における仙台藩の出張陣屋。
シベチャリチャシ	北海道新ひだか町	シャクシャインの本拠か。
ソウヤ陣屋	北海道稚内市	幕末における久保田藩の出張陣屋。
テシオ陣屋	北海道天塩町	幕末における鶴岡藩の出張陣屋。
トママイ陣屋	北海道苫前町	幕末における鶴岡藩の出張陣屋。
ルルモッペ陣屋	北海道留萌市	幕末における鶴岡藩の出張陣屋。
マシケ陣屋	北海道増毛町	幕末における久保田藩の元陣屋。
ハママシケ陣屋	北海道石狩市	幕末における鶴岡藩の元陣屋。
シライオ陣屋	北海道白老町	幕末における仙台藩の元陣屋。
モロラン陣屋	北海道室蘭市	幕末における盛岡藩の出張陣屋。
スッツ陣屋	北海道寿都町	幕末における弘前藩の出張陣屋。
ヲシャマンベ陣屋	北海道長万部町	幕末における盛岡藩の出張陣屋。
サワラ陣屋	北海道森町	幕末における盛岡藩の出張陣屋。
戸切地陣屋	北海道北斗市	幕末に松前氏が築城。戊辰戦争で自焼。
館城	北海道厚沢部町	戊辰戦争に際して松前藩が築城、落城。
松前城	北海道松前町	幕末に松前氏が築き戊辰戦争で館城へ。
五稜郭	北海道函館市	箱館開港幕府が築城。箱館奉行所。
斗南陣屋	青森県むつ市	戊辰戦争後における会津藩の陣屋。

城名	所在地	備考
弘前城	青森県弘前市	津軽氏。御三階櫓が現存。惣構。
黒石陣屋	青森県黒石市	津軽支藩黒石藩主津軽氏が在城。
七戸陣屋	青森県七戸町	盛岡支藩七戸藩主南部氏が在城。
八戸陣屋	青森県八戸市	盛岡支藩八戸藩主南部氏が在城。
三戸城	青森県三戸町	盛岡城の支城。江戸時代に廃城。
盛岡城	岩手県盛岡市	幕末まで南部氏が在城。惣構。
花巻城	岩手県花巻市	盛岡城の支城。もとは鳥谷ヶ崎城。
鍋倉城	岩手県遠野市	盛岡藩家老南部氏が根城から移転。
水沢要害	岩手県奥州市	仙台藩の実質的支城。水沢伊達氏。
一関陣屋	岩手県一関市	中世一関城の麓。伊達・田村氏が在城。
大館城	秋田県大館市	久保田城の支城。戊辰戦争で自焼、落城。
久保田城	秋田県秋田市	佐竹氏。御出書院が天守代用。惣構。
横手城	秋田県横手市	久保田城の支城。戊辰戦争で落城。
亀田陣屋	秋田県由利本荘市	岩城氏が在城。戊辰戦争で落城、焼失。
本荘城	秋田県由利本荘市	六郷氏が在城。戊辰戦争で自焼、落城。
矢島陣屋	秋田県由利本庄市	生駒騒動で生駒氏が入封。
鶴ヶ岡城	山形県鶴岡市	大宝寺城を改修。酒井氏が在城。惣構。
亀ヶ崎城	山形県酒田市	中世東禅寺城を改修。鶴ヶ岡城の支城。
出羽松山城	山形県酒田市	鶴岡支藩酒井氏の藩庁。大手門が現存。
新庄城	山形県新庄市	戸沢氏が在城。戊辰戦争で落城、焼失。
天童陣屋	山形県天童市	織田氏。戊辰戦争で城下が焼失。
山形城	山形県山形市	最上義光が改修。幕末は水野氏が在城。惣構。
上山城	山形県上山市	幕末は松平(藤井)氏が在城。惣構。
米沢城	山形県米沢市	江戸時代を通じて上杉氏が在城。
登米要害	宮城県登米市	仙台藩の実質的支城。登米伊達氏。
涌谷要害	宮城県涌谷町	仙台藩の実質的支城。涌谷伊達氏。
亘理要害	宮城県亘理町	仙台藩の実質的支城。亘理伊達氏。
角田要害	宮城県角田市	仙台藩の実質的支城。石川氏。
仙台城	宮城県仙台市	伊達氏。旧国宝の大手門は空襲で焼失。
白石城	宮城県白石市	仙台城の支城で片倉氏が在城。
中村城	福島県相馬市	幕末まで相馬氏が在城。戊辰戦争で開城。
磐城平城	福島県いわき市	鳥居忠政が築城。戊辰戦争で落城、焼失。
下手渡陣屋	福島県伊達市	柳川支藩の立花氏。戊辰戦争で焼失。
福島城	福島県福島市	本多・堀田・板倉氏が在城。
二本松城	福島県二本松市	丹羽氏が在城。戊辰戦争で自焼、落城。
三春城	福島県三春町	幕末は秋田氏が在城。戊辰戦争で開城。
会津若松城	福島県会津若松市	幕末は松平(保科)氏。戊辰戦争で開城。惣構。
猪苗代城	福島県猪苗代町	会津若松城の支城。戊辰戦争で自焼、退去。
白河小峰城	福島県白河市	丹羽長重が改修。戊辰戦争で落城。惣構。
棚倉城	福島県棚倉町	丹羽長重が築城。戊辰戦争で自焼、落城。惣構。

松岡城	茨城県高萩市	水戸城の支城。付家老・中山氏が在城。
助川城	茨城県日立市	海防のため幕末に水戸藩が築城。
水戸城	茨城県水戸市	幕末まで水戸徳川家が在城。惣構。
麻生陣屋	茨城県行方市	幕末まで新庄氏が在城。
笠間城	茨城県笠間市	幕末は牧野氏が在城。移築櫓が現存。
土浦城	茨城県土浦市	幕末は土屋氏が在城。惣構。
下館城	茨城県筑西市	幕末は石川氏が在城。
結城城	茨城県結城市	幕末は水野氏が在城。戊辰戦争で落城・焼失。
下妻陣屋	茨城県下妻市	井上氏。幕末、天狗党の攻撃で自焼。
古河城	茨城県古河市	老中を多く輩出。幕末は土井氏が在城。
関宿城	千葉県野田市	幕末は久世氏が在城。天守代用櫓あり。惣構。
小見川陣屋	千葉県香取市	幕末まで内田氏が在城。
高岡陣屋	千葉県成田市	幕末まで井上氏が在城。
多古陣屋	千葉県多古町	幕末まで松平(久松)氏が在城。
佐倉城	千葉県佐倉市	鹿島城を利用。幕末は堀田氏が在城。惣構。
生実陣屋	千葉県千葉市	幕末まで森川氏が在城。
大多喜城	千葉県大多喜町	幕末は松平(大河内)氏が在城。
久留里城	千葉県君津市	土屋・黒田氏が在城。二重櫓あり。
佐貫城	千葉県富津市	譜代が在城。幕末は阿部氏が在城。
館山陣屋	千葉県館山市	幕末まで稲葉氏が在城。
大田原城	栃木県大田原市	幕末まで大田原氏が在城。戊辰戦争で落城せず。
黒羽陣屋	栃木県大田原市	大関氏の居所。城主ではないため陣屋。
喜連川陣屋	栃木県さくら市	古河公方足利氏の後裔・喜連川氏。
烏山城	栃木県那須烏山市	中世那須氏の本城。幕末は大久保氏。
宇都宮城	栃木県宇都宮市	幕末は戸田氏が在城。戊辰戦争で落城。
壬生城	栃木県壬生町	幕末は鳥居氏が在城。
館林城	群馬県館林市	幕末は秋元氏が在城。惣構。
沼田城	群馬県沼田市	幕末は土岐氏が在城。五重天守あり。
前橋城	群馬県前橋市	もと厩橋城。幕末は越前松平氏が在城。
高崎城	群馬県高崎市	幕末は松平(大河内)氏が在城。惣構。
安中城	群馬県安中市	譜代が在城。幕末は板倉氏が在城。
小幡陣屋	群馬県甘楽町	織田氏の後、松平(奥平)氏が城主格。
岡部陣屋	埼玉県深谷市	安部氏。戊辰戦争で三河半原へ。
忍城	埼玉県行田市	譜代の名城。幕末は松平(奥平)氏が在城。
岩槻城	埼玉県さいたま市	幕末は大岡氏が在城。惣構。
川越城	埼玉県川越市	幕末は松平(松井)氏。御殿が現存。
江戸城	東京都千代田区	江戸幕府の政庁。戊辰戦争で無血開城。
品川台場	東京都港区	幕末に江戸を守る台場として建造。
神奈川奉行所	神奈川県横浜市	横浜開港により設置。対外関係の事務を統括。

金沢陣屋	神奈川県横浜市	幕末まで米倉氏が在城。
浦賀奉行所	神奈川県横須賀市	江戸湾の船舶を監視。幕末は外交も。
小田原城	神奈川県小田原市	稲葉氏が改修。幕末は大久保氏が在城。
甲府城	山梨県甲府市	幕末は幕府の直轄で、甲府勤番が在城。惣構。
谷村城	山梨県都留市	鳥居氏に次ぐ秋元氏が川越へ移り、廃城。
村上城	新潟県村上市	堀直竒が改修。戊辰戦争で自焼。
新発田城	新潟県新発田市	幕末まで溝口氏が在城。御三階櫓あり。
村松陣屋	新潟県五泉市	堀氏が幕末に城郭化。戊辰戦争で自焼。
三根山陣屋	新潟県新潟市	長岡支藩牧野氏が在城。
与板陣屋	新潟県長岡市	牧野・井伊氏。戊辰戦争で自焼。
椎谷陣屋	新潟県柏崎市	堀氏が在城。戊辰戦争で焼失。
長岡城	新潟県長岡市	堀直竒が築城。戊辰戦争で落城。惣構。
高田城	新潟県上越市	松平忠輝が築城。幕末は榊原氏が在城。
飯山城	長野県飯山市	幕末は本多氏。戊辰戦争で城下焼失。惣構。
須坂陣屋	長野県須坂市	幕末まで堀氏が在城。
松代城	長野県長野市	中世の海津城。幕末は真田氏が在城。惣構。
上田城	長野県上田市	江戸時代に再建。幕末は松平(藤井)氏が在城。
小諸城	長野県小諸市	仙石秀久が改修。幕末は牧野氏が在城。
田野口陣屋	長野県佐久市	幕末に松平(大給)氏が移居。龍岡五稜郭。
松本城	長野県松本市	石川氏が改修。幕末は松平(戸田)氏が在城。天守が現存。
高島城	長野県諏訪市	幕末まで諏訪氏が在城。三重天守あり。
高遠城	長野県伊那市	保科・鳥居・内藤氏が在城。
飯田城	長野県飯田市	小笠原・脇坂・堀氏が在城。惣構。
沼津城	静岡県沼津市	三枚橋城の故地。幕末は水野氏が在城。
駿府城	静岡県静岡市	徳川家康の死後、幕府から城代が派遣。
田中城	静岡県藤枝市	譜代の城。幕末は本多氏が在城。惣構。
相良陣屋	静岡県牧之原市	田沼意次が城郭化し、失脚して陣屋に。
掛川城	静岡県掛川市	幕末は太田氏が在城。
横須賀城	静岡県掛川市	譜代の城。幕末は西尾氏が在城。
浜松城	静岡県浜松市	老中を輩出した出世城。幕末は井上氏。
富山城	富山県富山市	金沢支藩富山藩の前田氏が在城。
高岡城	富山県高岡市	前田利長の隠居場。一国一城令で廃城。
金沢城	石川県金沢市	前田氏が幕末まで在城。二重の惣構。
小松城	石川県小松市	金沢城の支城。天守代用櫓あり。
大聖寺城	石川県加賀市	金沢支藩大聖寺藩主前田氏が在城。
高山城	岐阜県高山市	高山城の廃城後、麓に幕府の陣屋。
郡上八幡城	岐阜県郡上市	遠藤氏が完成。幕末は青山氏が在城。
苗木城	岐阜県中津川市	遠山友政が改修し、遠山氏が在城。
岩村城	岐阜県恵那市	譜代の城。幕末は松平(大給)氏が在城。

加納城	岐阜県岐阜市	岐阜城を廃して築城。幕末は永井氏。
笠松陣屋	岐阜県笠松町	幕府が設置した美濃郡代の陣屋。
大垣城	岐阜県大垣市	譜代の城。幕末は戸田氏が在城。惣構。
今尾陣屋	岐阜県海津市	名古屋城の支城。付家老・竹腰氏が在城。
高須陣屋	岐阜県海津市	尾張支藩高須藩主松平氏が在城。
名古屋城	愛知県名古屋市	清洲城を廃し築城。尾張徳川家が在城。
犬山城	愛知県犬山市	名古屋城の支城。付家老・成瀬氏が在城。惣構。
刈谷城	愛知県刈谷市	水野勝成が改修。幕末は西尾氏が在城。
挙母城	愛知県豊田市	江戸時代に内藤氏が築き、在城。七州城。
岡崎城	愛知県岡崎市	神君出生の城で幕末は本多氏。惣構。
西尾城	愛知県西尾市	幕末は松平（大給）氏が在城。惣構。
吉田城	愛知県豊橋市	幕末は松平（大河内）氏が在城。惣構。
田原城	愛知県田原市	戸田氏の後、三宅氏が幕末まで在城。惣構。
勝山城	福井県勝山市	小笠原氏が改修を始めたが、未完。
越前大野城	福井県大野市	幕末は土井氏が在城。
丸岡城	福井県坂井市	本多成重が改修。後に有馬氏が在城。惣構。
福井城	福井県福井市	結城秀康が築城し、越前松平氏が在城。惣構。
鯖江陣屋	福井県鯖江市	城主格となった間部氏が築城を計画。
越府陣屋	福井県越前市	福井城の支城。付家老・本多氏が在城。
敦賀陣屋	福井県敦賀市	小浜城支藩酒井氏が在城。
小浜城	福井県小浜市	京極高次が築城。後に酒井氏が在城。
彦根城	滋賀県彦根市	幕末まで井伊氏が在城。天守現存。惣構。
大溝陣屋	滋賀県高島市	幕末まで分部氏が在城。
膳所城	滋賀県大津市	大津城を廃して築城。幕末は本多氏。
水口城	滋賀県甲賀市	水口御殿に代わり築城。幕末は加藤氏。
長島城	三重県桑名市	菅沼・松平（久松）・増山氏が在城。
桑名城	三重県桑名市	幕末は松平（久松）氏。戊辰戦争で開城。惣構。
菰野陣屋	三重県菰野町	幕末まで土方氏が在城。
神戸城	三重県鈴鹿市	一柳・石川・本多氏が在城。
亀山城	三重県亀山市	幕末は石川氏が在城。
津城	三重県津市	藤堂高虎が改修。幕末まで藤堂氏。
伊賀上野城	三重県伊賀市	藤堂高虎が改修。津城の支城。
鳥羽城	三重県鳥羽市	内藤忠重が改修。幕末は稲垣氏が在城。
田丸城	三重県玉城町	和歌山城の支城。家老久野氏が在城。
松坂城	三重県松阪市	和歌山城の支城。紀伊藩から城代が派遣。惣構。
新宮城	和歌山県新宮市	和歌山城の支城。付家老・水野氏が在城。
田辺城	和歌山県田辺市	和歌山城の支城。付家老・安藤氏が在城。
和歌山城	和歌山県和歌山市	浅野氏に次ぎ、幕末まで紀伊徳川家。

奈良奉行所	奈良県奈良市	大和一国を総監。大寺社との折衝、監視。
大和郡山城	奈良県大和郡山市	譜代の城。幕末は柳沢氏が在城。惣構
櫛羅陣屋	奈良県御所市	幕末まで永井氏が在城。
高取城	奈良県高取町	植村氏が在城。幕末は天誅組を撃退。
岸和田城	大阪府岸和田市	小出・松平(松井)・岡部氏。惣構
伯太陣屋	大阪府和泉市	幕末まで渡辺氏が在城。
狭山陣屋	大阪府大阪狭山市	戦国大名北条氏に連なる北条氏が在城。
大阪城	大阪府大阪市	幕府から城代が派遣。戊辰戦争で焼失。
高槻城	大阪府高槻市	譜代の城。幕末は永井氏が在城。
麻田陣屋	大阪府豊中市	幕末まで青木氏が在城。
淀城	京都府京都市	伏見城の廃城に伴い築城。戊辰戦争の舞台に。
伏見奉行所	京都府京都市	畿内近国を総監。戊辰戦争で焼失。
二条城	京都府京都市	将軍上洛時の宿所。城代が派遣。
亀山城	京都府亀岡市	幕末は松平(形原)氏が在城。惣構
園部陣屋	京都府南丹市	幕末まで小出氏。明治維新後に築城。
山家陣屋	京都府綾部市	幕末まで谷氏が在城。
福知山城	京都府福知山市	有馬豊氏が改修。幕末は朽木氏。惣構
田辺城	京都府舞鶴市	もと宮津城の支城。幕末は牧野氏。
宮津城	京都府宮津市	京極高広が改修。幕末は松平(本庄)氏。
峰山陣屋	京都府丹後市	幕末まで京極氏が在城。
豊岡陣屋	兵庫県豊岡市	幕末まで京極氏が在城。
出石城	兵庫県豊岡市	有子山城の麓に築城。幕末は仙石氏。
篠山城	兵庫県丹波篠山市	天下普請で築城。幕末は青山氏が在城。
柏原陣屋	兵庫県丹波市	幕末まで織田氏が在城。
三田陣屋	兵庫県三田市	幕末まで九鬼氏が在城。
尼崎城	兵庫県尼崎市	大物崩の故地。幕末は松平(桜井)氏。
小野陣屋	兵庫県小野市	幕末まで一柳氏が在城。
明石城	兵庫県明石市	幕末は越前松平氏が在城。惣構
姫路城	兵庫県姫路市	池田輝政が改修。幕末は酒井氏。惣構
山崎陣屋	兵庫県宍粟市	幕末まで本多氏が在城。
龍野城	兵庫県たつの市	鶏籠山城の麓に築城。幕末は脇坂氏。
赤穂城	兵庫県赤穂市	江戸時代に築城。幕末は森氏が在城。
洲本城	兵庫県洲本市	徳島城の支城。家老稲田氏が在城。
徳島城	徳島県徳島市	幕末まで蜂須賀氏が在城。
鳥取城	鳥取県鳥取市	池田氏の一族が在城。惣構
鹿野陣屋	鳥取県鳥取市	鳥取支藩池田氏が在城。
倉吉陣屋	鳥取県倉吉市	鳥取城の支城。米子城代荒尾氏の一族が支配。
米子城	鳥取県米子市	鳥取城の支城。家老荒尾氏が在城。惣構
勝山城	岡山県真庭市	中世高田城を再興。幕末まで三浦氏。
津山城	岡山県津山市	森忠政が築城。幕末は越前松平氏。
新見陣屋	岡山県新見市	幕末まで関氏が在城。

備中松山城	岡山県高梁市	幕末は板倉氏が在城。戊辰戦争で開城。
足守陣屋	岡山県岡山市	幕末まで木下氏が在城。
浅尾陣屋	岡山県総社市	蒔田氏。幕末、長州藩により焼失。
岡山城	岡山県岡山市	幕末まで池田氏が在城。惣構。
高松城	香川県高松市	生駒氏に次ぎ、水戸松平氏が在城。
丸亀城	香川県丸亀市	山崎・京極氏が在城。惣構。
多度津陣屋	香川県多度津町	丸亀支藩京極氏が在城。
松江城	島根県松江市	月山富田城を廃し、築城。幕末は越前松平氏。惣構。
広瀬陣屋	島根県安来市	松江支藩松平氏が在城。
浜田城	島根県浜田市	松平(越智)氏。第二次幕長戦争で自焼。
津和野城	島根県津和野町	坂崎氏に次ぎ、亀井氏が幕末まで在城。
福山城	広島県福山市	幕末は阿部氏。戊辰戦争で開城。惣構。
三原城	広島県三原市	広島城の支城。家老浅野氏が在城。
吉田陣屋	広島県安芸高田市	広島支藩浅野氏が在城。
三次陣屋	広島県三次市	広島支藩浅野氏が在城。
広島城	広島県広島市	福島正則の後、幕末まで浅野氏。惣構。
西条陣屋	愛媛県西条市	紀州支藩松平氏が在城。
小松陣屋	愛媛県西条市	幕末まで一柳氏が在城。
今治城	愛媛県今治市	藤堂高虎が築城。後に松平(久松)氏が在城。
松山城	愛媛県松山市	加藤嘉明が築城。蒲生・松平(久松)氏が在城。
大洲城	愛媛県大洲市	藤堂氏の支城を経て、脇坂・加藤氏が在城。
吉田陣屋	愛媛県宇和島市	宇和島支藩伊達氏が在城。
宇和島城	愛媛県宇和島市	大阪の陣の後から伊達氏が在城。
高知城	高知県高知市	山内一豊が築き、幕末まで山内氏が在城。惣構。
本山土居	高知県本山町	土佐藩の実質的支城。野中氏。
安芸土居	高知県安芸市	土佐藩の実質的支城。五藤氏。
佐川土居	高知県佐川町	土佐藩の実質的支城。深尾氏。
窪川土居	高知県四万十町	土佐藩の実質的支城。窪川山内(林)氏。
宿毛土居	高知県宿毛市	土佐藩の実質的支城。宿毛山内氏。
萩城	山口県萩市	毛利輝元が築城。幕末に山口へ移転。惣構。
山口城	山口県山口市	第一次幕長戦争にあたり毛利氏が築城。
岩国城	山口県岩国市	吉川広家が築城。一国一城令で廃城。
徳山陣屋	山口県周南市	萩支藩毛利氏が在城。
長府陣屋	山口県下関市	萩支藩毛利が櫛崎城を破却して築城。
小倉城	福岡県北九州市	幕末は小笠原氏。幕長戦争で自焼。惣構。
千束陣屋	福岡県豊前市	小倉支藩小笠原氏が在城。
福岡城	福岡県福岡市	黒田長政が築城。幕末まで黒田氏が在城。惣構。

秋月陣屋	福岡県朝倉市	古処山城の麓。福岡支藩黒田氏が在城。
久留米城	福岡県久留米市	柳川城の支城を経て、有馬氏が在城。
柳川城	福岡県柳川市	田中氏に次ぎ、幕末まで立花氏。惣構。
中津城	大分県中津市	幕末は奥平氏が在城。惣構。
杵築城	大分県杵築市	幕末は松平(能見)氏が在城。惣構。
日出城	大分県日出町	幕末まで木下氏が在城。
大分府内城	大分県大分市	幕末は松平(大給)氏が在城。惣構。
臼杵城	大分県臼杵市	江戸時代を通じて稲葉氏が在城。
佐伯城	大分県佐伯市	栂牟礼城を廃して築城。幕末まで毛利氏が在城。
岡城	大分県竹田市	江戸時代を通じて中川氏が在城。御三階櫓あり。
森陣屋	大分県玖珠町	角牟礼城の麓に築城。久留島氏が在城。
日田陣屋	大分県日田市	永山城を廃して設置。幕府領を支配。
佐賀城	佐賀県佐賀市	龍造寺氏の村中城を改修。幕末まで鍋島氏が在城。
小城陣屋	佐賀県小城市	佐賀支藩鍋島氏が在城。
鹿島陣屋	佐賀県鹿島市	佐賀支藩鍋島氏が在城。
唐津城	佐賀県唐津市	寺沢広高が築城。幕末は小笠原氏。
桟原城	長崎県対馬市	金石城から移転。幕末まで宗氏が在城。
福江城	長崎県五島市	幕末に五島氏が築城。石田城とも。
平戸城	長崎県平戸市	江戸時代に再興、幕末まで松浦氏。
玖島城	長崎県大村市	江戸時代を通じて大村氏が在城。
長崎奉行所	長崎県長崎市	対外交易、オランダ・清との関係を統括。
島原城	長崎県島原市	日野江城を廃し、築城。松平(深溝)氏が在城。
富岡城	熊本県苓北町	寺沢広高が築き、山崎家治が改修。後に廃城。
熊本城	熊本県熊本市	加藤清正が築城。幕末まで細川氏。
宇土陣屋	熊本県宇土市	熊本支藩細川氏が在城。
八代城	熊本県八代市	熊本城の支城。家老松井氏が在城。惣構。
人吉城	熊本県人吉市	関ヶ原合戦で安堵。幕末まで相良氏。
延岡城	宮崎県延岡市	幕末は内藤氏が在城。
高鍋城	宮崎県高鍋町	財部城から改称。幕末まで秋月氏。
佐土原城	宮崎県宮崎市	薩摩支藩島津氏が在城。山麓の居館が藩庁。
飫肥城	宮崎県日南市	関ヶ原合戦で安堵。幕末まで伊東氏。
鹿児島城	鹿児島県鹿児島市	島津家久が築城。幕末まで島津氏。
出水麓	鹿児島県出水市	薩摩藩の実質的支城。
知覧麓	鹿児島県南九州市	薩摩藩の実質的支城。佐多氏。
吉利麓	鹿児島県日置市	薩摩藩の実質的支城。小松(禰寝)氏。
宮之城麓	鹿児島県薩摩川内市	薩摩藩の実質的支城。北郷氏。
垂水麓	鹿児島県垂水市	薩摩藩の実質的支城。垂水島津氏。
西之表麓	鹿児島県西之表市	薩摩藩の実質的支城。種子島氏。

構造編 ▼ 縄張の基本

曲輪

区画された平坦地のことで、本丸・二の丸・三の丸が中心となる。連郭式・梯郭式・輪郭式が縄張の3類型。

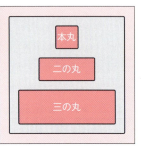

連郭式
本丸・二の丸・三の丸などの曲輪を並列に連ねた形式。本丸の背後を海・沼・川といった自然の要害で守ったうえで、さらに二の丸・三の丸を一直線に配置する。山城や平山城に多い。

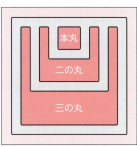

梯郭式
本丸の背後を海・沼・川など自然の要害で守ったうえで、本丸の二方もしくは三方を二の丸が取り囲み、さらに二の丸の二方もしくは三方を三の丸が取り囲む形式。平城・平山城に多い。

輪郭式
城の中心に本丸を配し、その周囲を二の丸が取り囲み、さらにその周囲を三の丸が取り囲む形式。本丸は堅固に守られるが、有事の際の逃げ道はなくなる。平城に多い。

3類型は典型的な縄張であり、ほんどの城は明確に分類できない。実際には、3類型を複雑に組み合わせた縄張となっている。

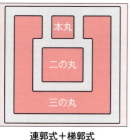
連郭式＋梯郭式

連郭式＋輪郭式

梯郭式＋連郭式

梯郭式＋輪郭式

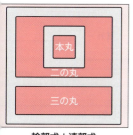
輪郭式＋連郭式

輪郭式＋梯郭式

虎口

城の出入口は、できる限り小さい方がよいため「小口」といい、後に虎の歯牙にたとえて「虎口」と称される。

平虎口
遮蔽物を構築していない最初期の虎口。すべての虎口の原点。

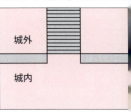

坂虎口
虎口の前面に傾斜がある場合、坂を上がった先に虎口を開く。

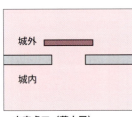

一文字虎口（蔀土居）
虎口に一文字の形状をした土塁を設置。城外に設けたのが蔀。

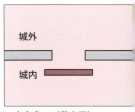

一文字虎口（蕀土居）
虎口に一文字の形状をした土塁を設置。城内に設けたのが蕀。

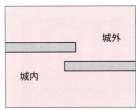

喰違虎口（左前）
土塁で喰違を構築。敵は右折れで直進と見透かしを阻まれる。

喰違虎口（右前）
土塁で喰違を構築。敵は左折れで直進と見透かしを阻まれる。

敵の進入路にもなる虎口は、城内で最も危険な場所。そのため、戦国時代から江戸時代にかけて、虎口には様々な工夫が施された。

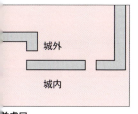

並虎口
虎口を並置。一方が攻められたら、もう一方から出撃が可能。

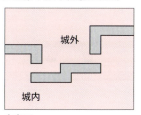

向虎口
2つの虎口が向かい合う形。敵を虎口に集約させることが可能。

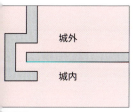

無虎口
塁線を屈曲させることにより存在を知られにくくした虎口。

巴虎口
巴の字のように曲がりくねる虎口。敵の進軍を阻む理想上の形。

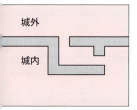

桝形虎口（右前）
桝状の空間に2か所の虎口を開く。敵は左折れを強制される。

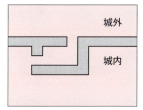

桝形虎口（左前）
桝状の空間に2か所の虎口を開く。敵は右折れを強制される。

馬出	虎口の城外側に堀と土塁・石垣でつくられた構造物。動きを知られることなく城外に打って出る拠点となった。

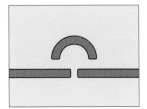

草の丸馬出
虎口の前面に土塁・堀を設けただけの最も簡素な丸馬出。

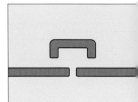

草の角馬出
虎口の前面に土塁・堀を設けただけの最も簡素な角馬出。

行の丸馬出
馬出の内部を見透かされないようにした、やや堅固な丸馬出。

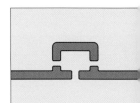

行の角馬出
馬出の内部を見透かされないようにした、やや堅固な角馬出。

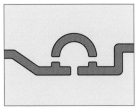

真の丸馬出
塁線を内側に食い込ませ、極度に防御力を高めた丸馬出。

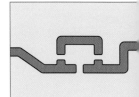

真の角馬出
塁線を内側に食い込ませ、極度に防御力を高めた角馬出。

口に接近する敵に対し、横矢をかけることも機能の1つ。軍学で各種の馬出が考案されているが、名称については諸説ある。

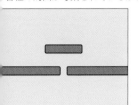

的山馬出
虎口前に的山を設けた原初的な馬出。形状は一文字虎口と同じ。

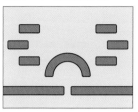

寄払馬出
複数の土塁などを前面に構築したような軍学上の馬出。

重馬出
馬出の城外側にさらに馬出を重ねた形。類例は多くない。

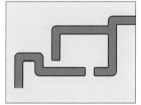

曲尺馬出
塁線が直角に曲がった部分に設置。類例はあまり見られない。

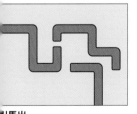

卍馬出
虎口前に堀と土塁を設けて卍の形に。類例はほとんどない。

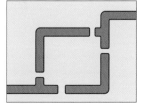

辻馬出
2つの虎口が直角に並んでいる場合に共有化された馬出。

横矢

塁線に屈曲を設けることで「曲折」とも。攻め寄せる敵への死角をなくし、様々な方向に射撃することができた。

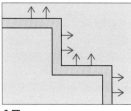

入隅
内側に塁線を折り曲げた形。入隅の塁線には塀がかけられた。

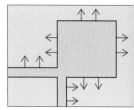

出隅
塁線を張り出した形。天守・櫓を建てることで威力を発揮した。

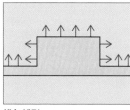

横矢枡形
塁線から張り出した形。塁線に取りつく敵に対しても側射可能。

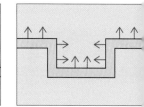

合横矢
塁線から引っ込む形。横矢が強力にかかり、敵は近づけない。

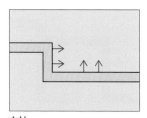

左袖
城内側から左側の塁線を突出させ、防御が取りにくい敵を狙う。

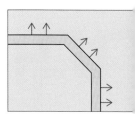

隅落
出隅の一部を削った形。出隅よりも横矢がかかる方向が増える。

横矢にはいくつもの種類があり、実際には複数の横矢が採用されている。また、軍学で考え出されたものもあり、名称にも諸説ある。

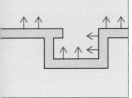

塵落
人馬の糞尿やゴミを城外に捨てる塵落にも横矢が期待された。

隅欠
城内側に少し塁線を折り曲げることで横矢がかかるようにした。

横矢邪
曲がった塁線に塀をかけたもの。あらゆる方向に側射が可能。

雁行
出隅と入隅を交互に繰り返す。塁線の要所には櫓を建設。

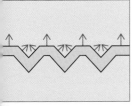 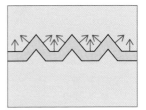

屛風折（味方折）
折を連続させた塁線で、ところどころ城内側に引っ込めたもの。

屛風折（敵折）
折を連続させた塁線で、ところどころ城外側に出っ張らせたもの。

縄張

▼縄張総覧

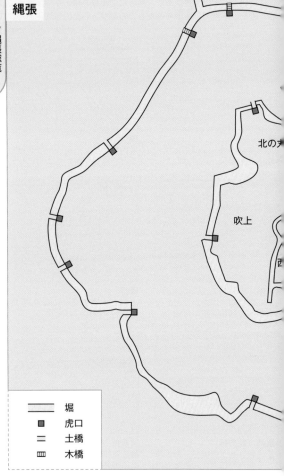

堀
虎口
土橋
木橋

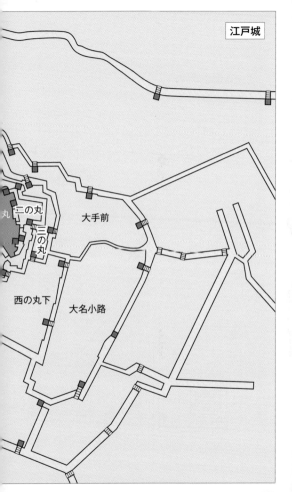

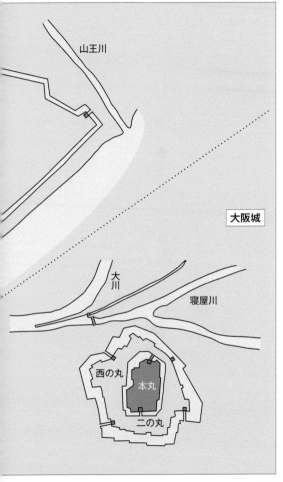

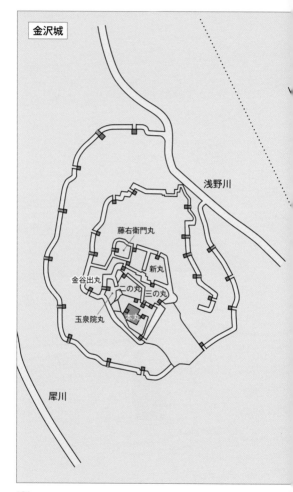

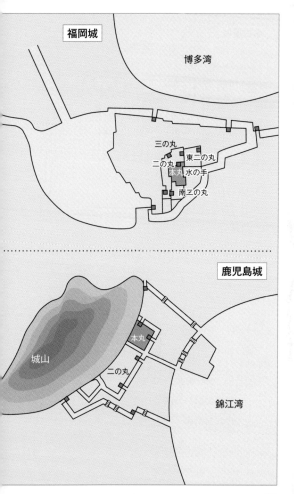

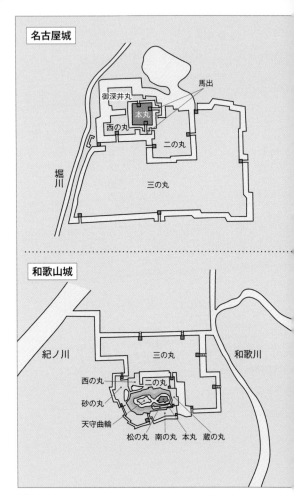

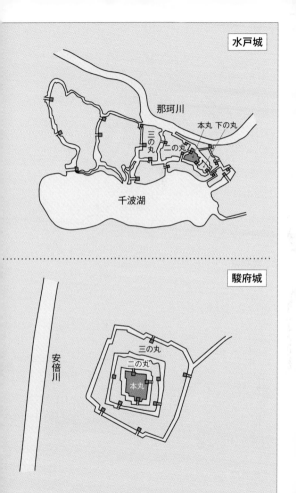

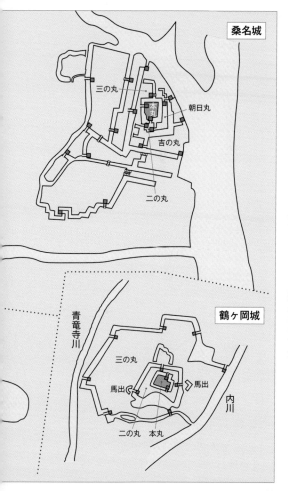

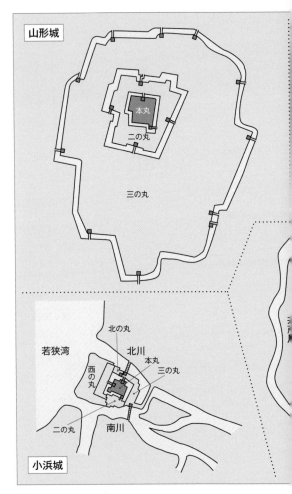

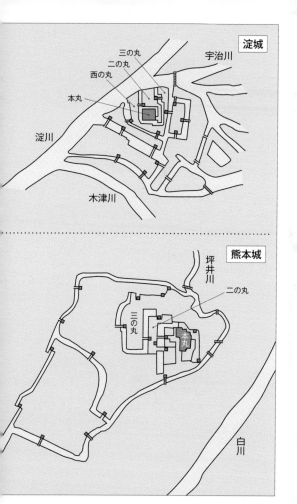

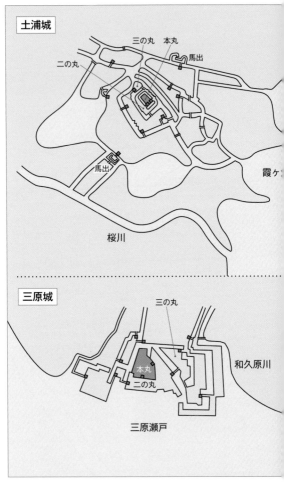

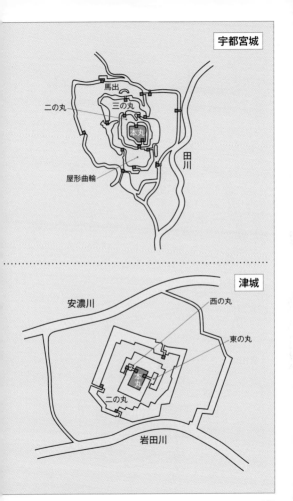

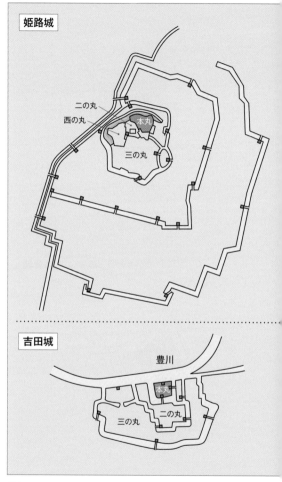

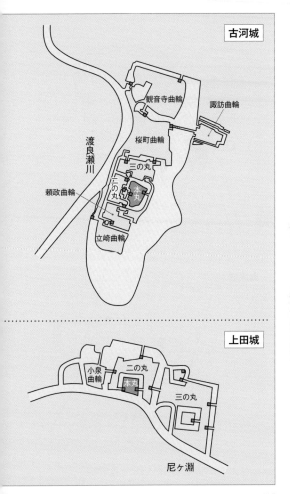

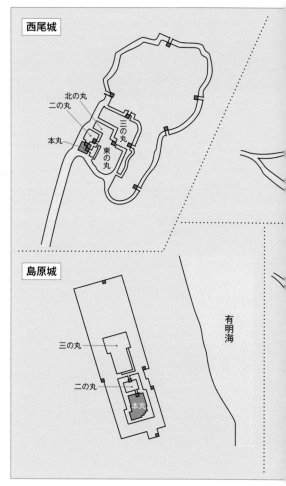

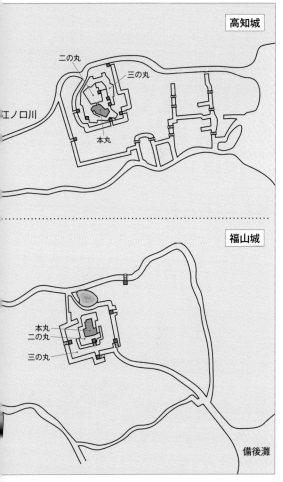

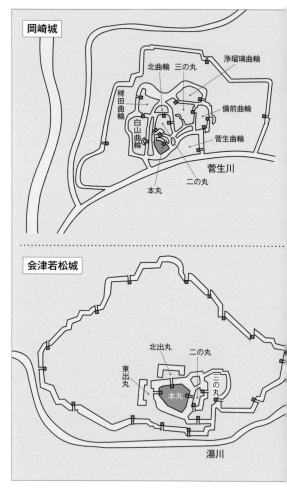

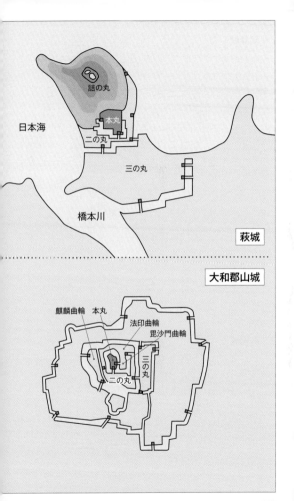

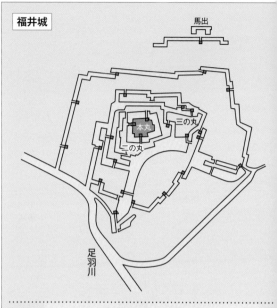

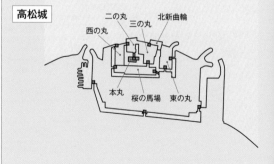

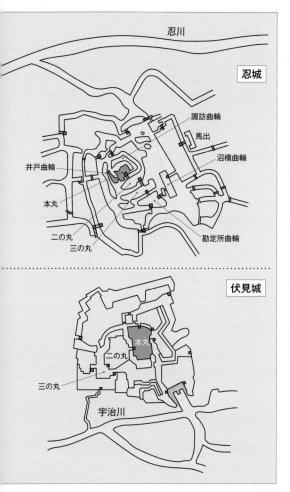

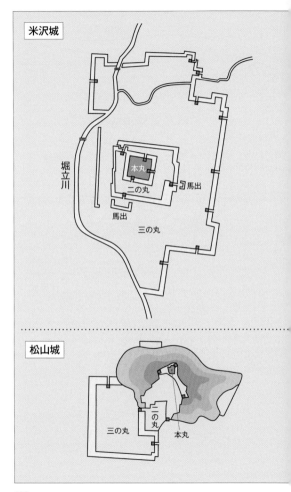

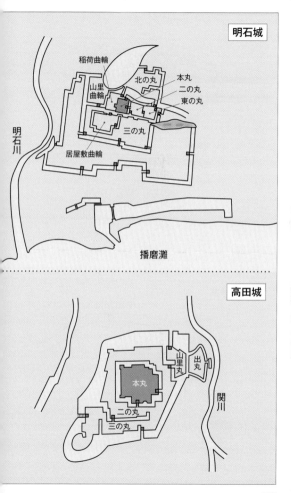

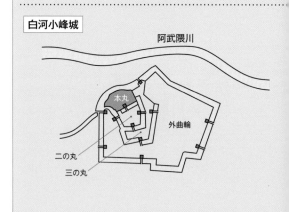

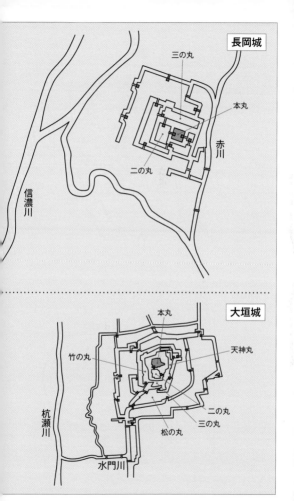

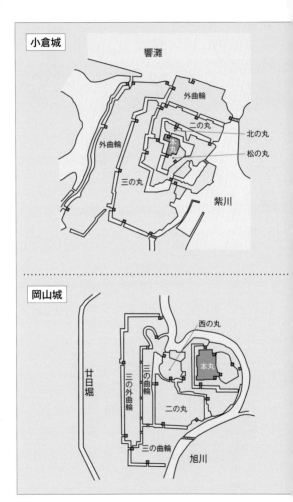

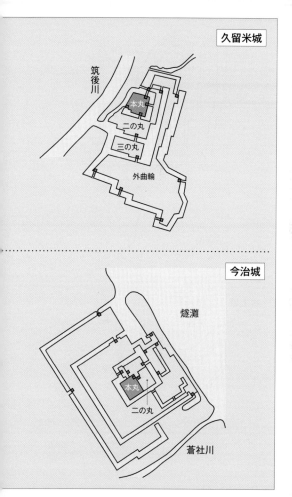

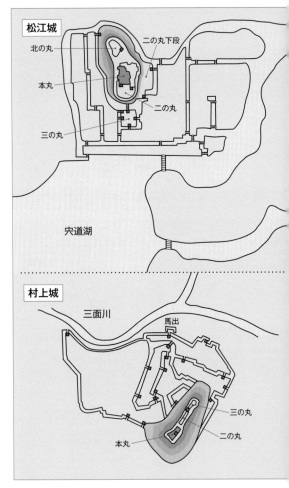

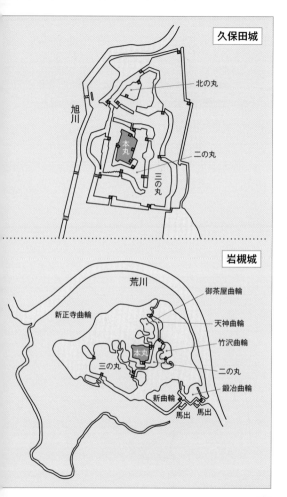

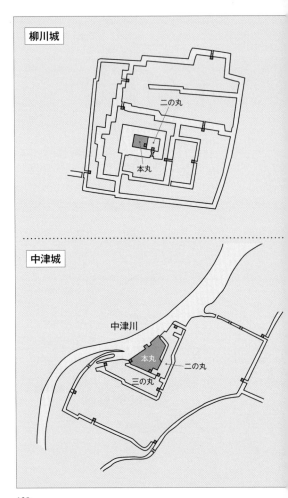

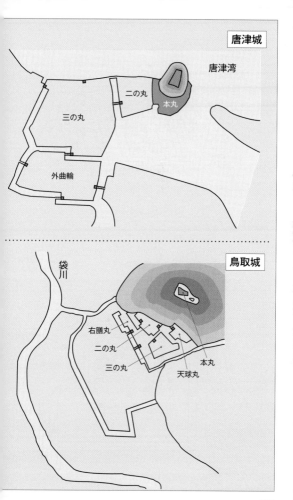

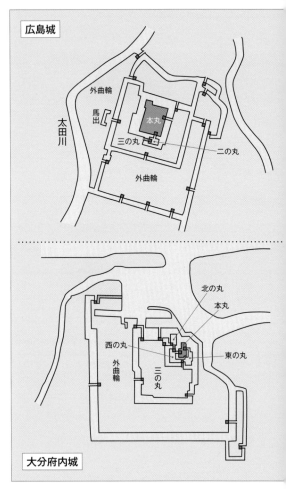

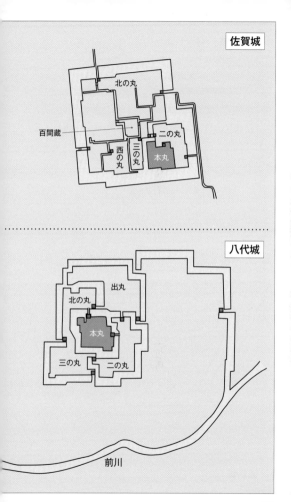

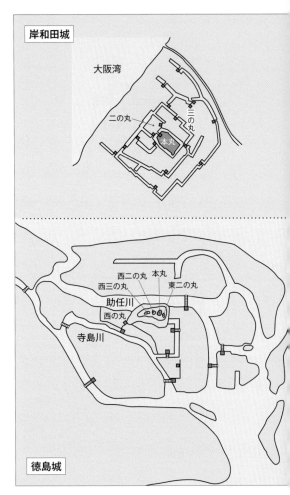

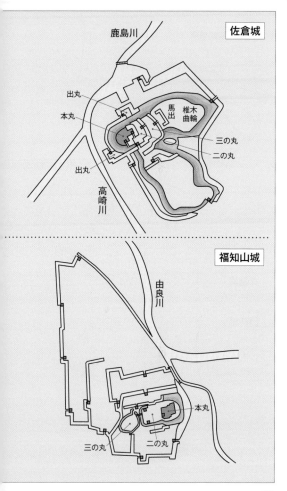

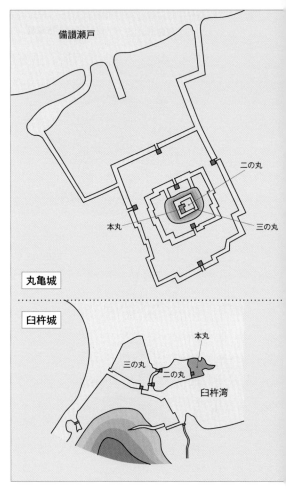

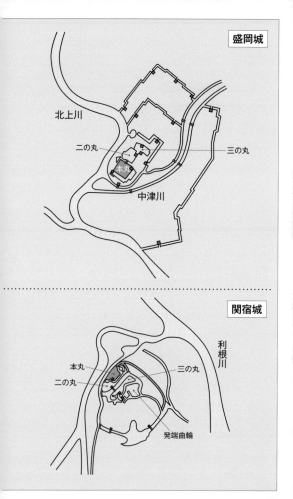

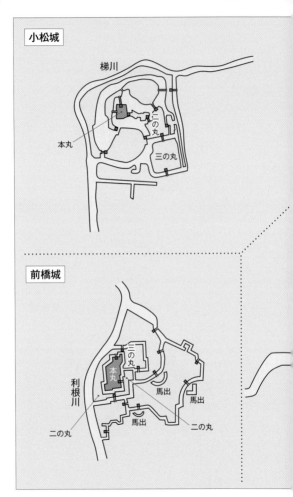

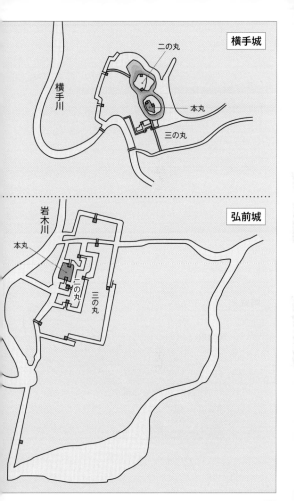

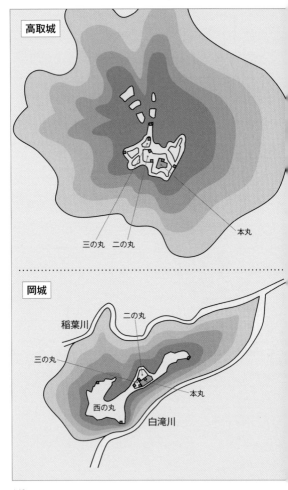

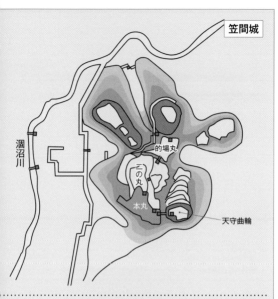
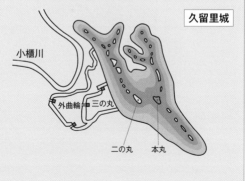

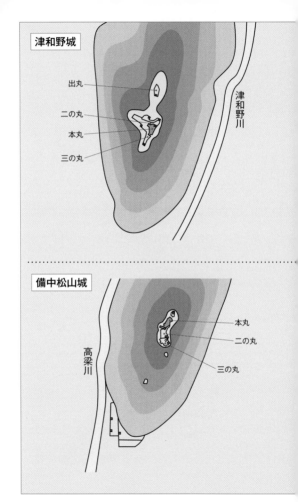

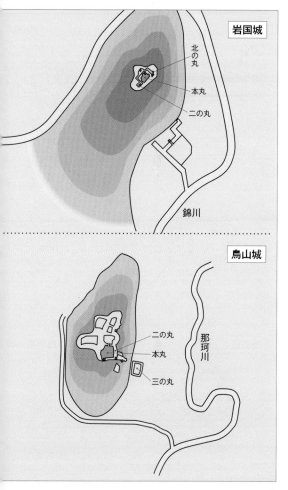

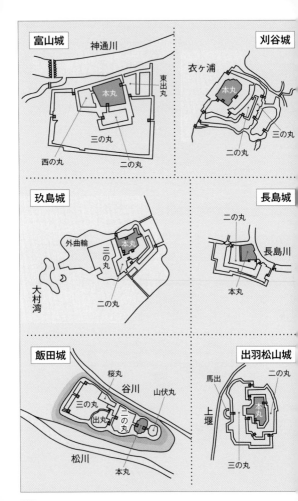

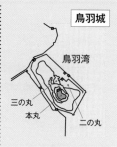
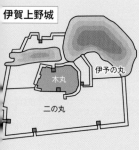

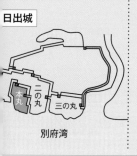
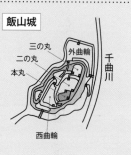

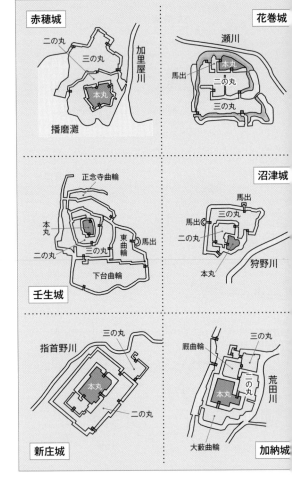

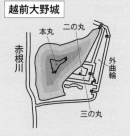
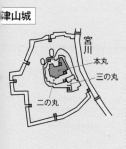
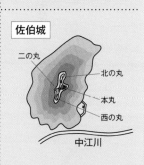

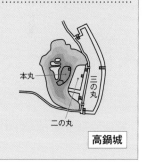

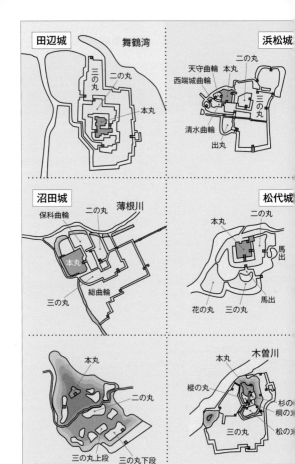

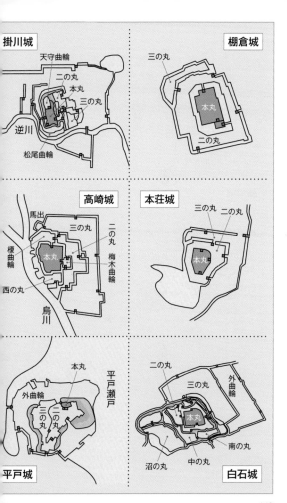

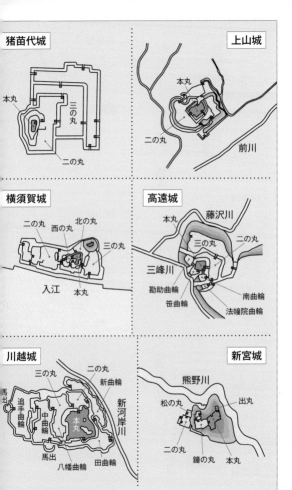

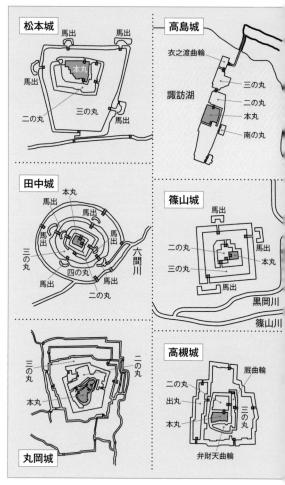

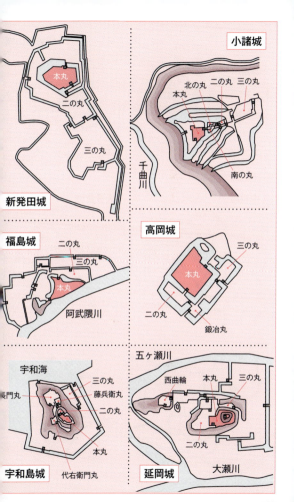

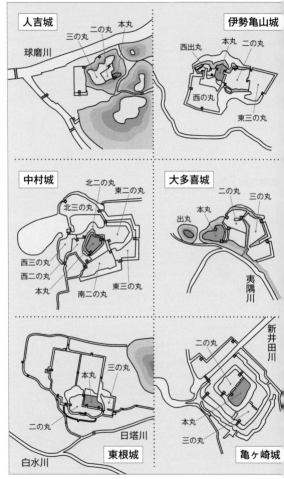

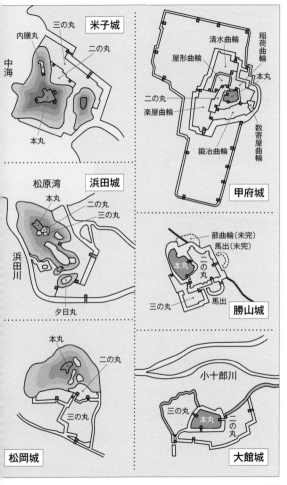

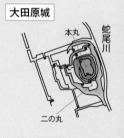
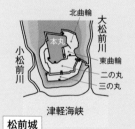
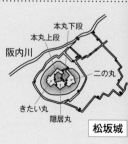

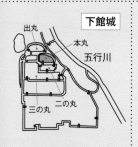
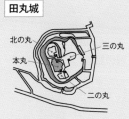
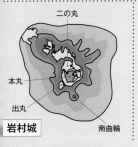
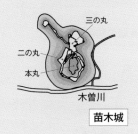

堀

城内への敵の侵入を防ぐため、人工的に表土を穿ったものをいう。堀には水を引いた水堀と引かない空堀がある。

■堀の種類

箱堀 — 堀底が箱のように四角い。

毛抜堀 — 堀底が毛抜のように丸い。

諸薬研堀 — 堀底をV字状にした堀。

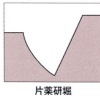
片薬研堀 — 城外側を薬研堀とした堀。

■堀の設備

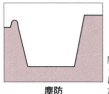
塵防 — 塵を防ぐために設けた土手。

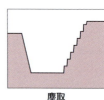
塵取 — 塵を取るために降りる階段

■堀の防御

障子堀1 — 堀底に設けた1本の畝。

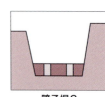
障子堀2 — 堀底に設けた格子状の畝。

城の断面

比高をもとに分類すると、100m以上の山城、20～100mほどの平山城、20m以下の平城になる。

■ 山城

斜面に一般的な腰曲輪を配置する。

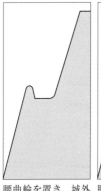
腰曲輪を置き、城外側に土塁を設置する。

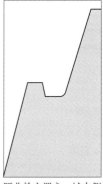
腰曲輪を置き、城内側に空堀を設置する。

■ 平山城

曲輪に土塁の設置のみ。

山麓に空堀・水堀を設置。

中腹に腰曲輪のみを設置。

腰曲輪に加えて山麓に堀を設置。

■ 平城

曲輪の外周に土塁・石垣などを設け、城外側に空堀もしくは水堀を設置。

土居・石垣

土居は土を盛ったもの、石垣は石を積んだもの。石垣は建造物を天端いっぱいに建てることが可能

■ 土居

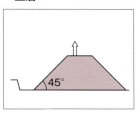

芝土居
斜面に芝を植えた土塁。軍学で推奨される傾斜は45度。

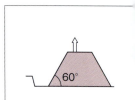

敲土居
何層にも突き固めた土塁。軍学で推奨される傾斜は60度。

■ 石垣

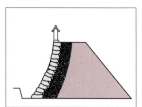

塁線のみに石を積み、城内側を土居とする一般的な石垣。

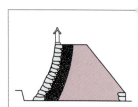

塁線のほか、城内側の最下部のみに石を積んだ石垣。

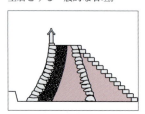

両側に石を積み、昇降可能な石段を敷設した石垣。

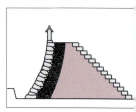

昇降の石段と一体化させた桝形門などで見られる石垣。

■ 石垣の基礎

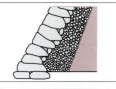

■ 石垣の勾配

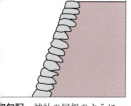
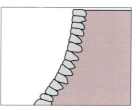

宮勾配 神社の屋根のように一直線となっている石垣の形。

寺勾配 寺院の屋根のように上部ほど傾斜が急な石垣の形。

■ 土居と石垣の併用

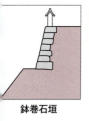
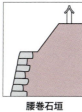
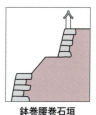

鉢巻石垣　　　　　腰巻石垣　　　　　鉢巻腰巻石垣

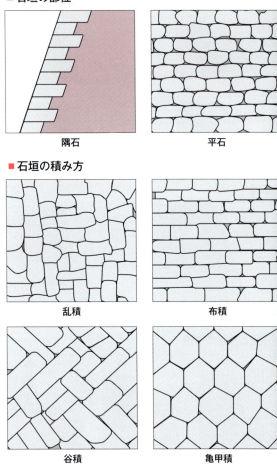

■ 石垣の部位

隅石　平石

■ 石垣の積み方

乱積　布積

谷積　亀甲積

加工法による積み方の違い

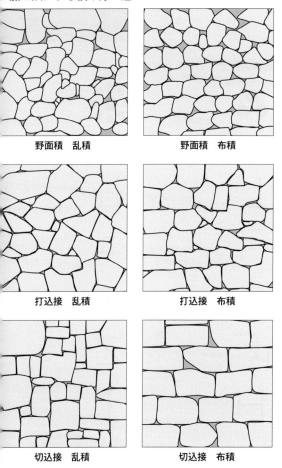

野面積　乱積

野面積　布積

打込接　乱積

打込接　布積

切込接　乱積

切込接　布積

刻印	石の選定・切り出し・積む各工程で石垣に付けられた目印

▼刻印総覧

■ 点のみでつくられた刻印

 松浦氏(肥前平戸)

 細川氏(豊前小倉)

■ 直線のみでつくられた刻印

└ 池田氏(備前岡山)

凵 蜂須賀氏(阿波徳島)

⌐ 福島氏(安芸広島)
　 寺沢氏(肥前唐津)

二 毛利氏(長門萩)

三 分部氏(近江大溝)

三 細川氏(豊前小倉)

㇌ 浅野氏(紀伊和歌山)

Ζ 松平氏(越前福井)

Ħ 稲葉氏(豊後臼杵)

十 細川氏(豊前小倉)
　 藤堂氏(伊勢津)
　 黒田氏(筑前福岡)
　 森氏(美作津山)
　 福島氏(安芸広島)
　 中川氏(豊後岡)
　 加藤氏(伊予松山)

前田氏(加賀金沢)

 前田氏(加賀金沢)

 前田氏(加賀金沢)
松平氏(越前福井)

 秋月氏(日向高鍋)

 池田氏(備前岡山)
鍋島氏(肥前佐賀)
島津氏(日向佐土原)

 黒田氏(筑前福岡)
堀尾氏(出雲松江)
島津氏(日向佐土原)

 黒田氏(筑前福岡)

 黒田氏(筑前福岡)

 森氏(美作津山)

 森氏(美作津山)

 前田氏(加賀金沢)
蜂須賀氏(阿波徳島)
伊達氏(陸奥仙台)

 田中氏(筑後久留米)

 黒田氏(筑前福岡)

 黒田氏(筑前福岡)

 毛利氏(長門萩)
細川氏(豊前小倉)
堀尾氏(出雲松江)
秋月氏(日向高鍋)
寺沢氏(肥前唐津)

 前田氏(加賀金沢)

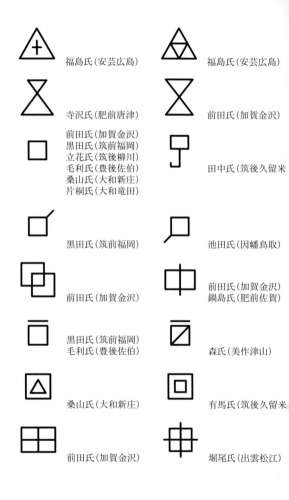

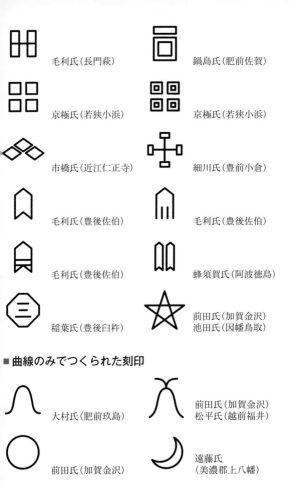

 毛利氏(長門萩)

 堀尾氏(出雲松江)

 池田氏(因幡鳥取)

 分部氏(近江大溝)

 松平氏(伊予松山)

 前田氏(加賀金沢)

 加藤氏(肥後熊本)
浅野氏(紀伊和歌山)

 堀尾氏(出雲松江)
土方氏(伊勢菰野)

 前田氏(加賀金沢)
松浦氏(肥前平戸)

 浅野氏(紀伊和歌山)

■点と直線でつくられた刻印

 前田氏(加賀金沢)

 松平氏(越前福井)

 前田氏(加賀金沢)

 京極氏(若狭小浜)

 前田氏(加賀金沢)
毛利氏(長門萩)
池田氏(因幡鳥取)
寺沢氏(肥前唐津)

 細川氏(豊前小倉)

■直線と曲線でつくられた刻印

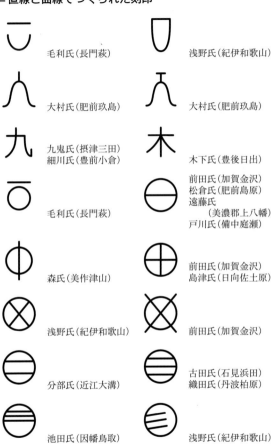

毛利氏（長門萩）

浅野氏（紀伊和歌山）

大村氏（肥前玖島）

大村氏（肥前玖島）

九鬼氏（摂津三田）
細川氏（豊前小倉）

木下氏（豊後日出）

毛利氏（長門萩）

前田氏（加賀金沢）
松倉氏（肥前島原）
遠藤氏
　（美濃郡上八幡）
戸川氏（備中庭瀬）

森氏（美作津山）

前田氏（加賀金沢）
島津氏（日向佐土原）

浅野氏（紀伊和歌山）

前田氏（加賀金沢）

分部氏（近江大溝）

古田氏（石見浜田）
織田氏（丹波柏原）

池田氏（因幡鳥取）

浅野氏（紀伊和歌山）

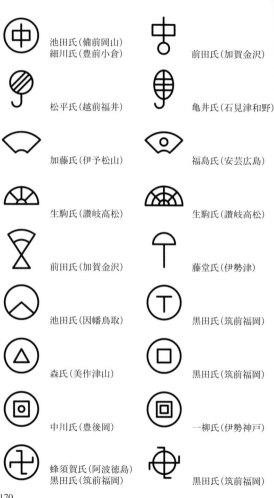

浅野氏(紀伊和歌山)

 前田氏(加賀金沢)
中川氏(豊後岡)

 細川氏(豊前小倉)

 久留島氏(豊後森)

 黒田氏(筑前福岡)

 木下氏(豊後日出)

 森氏(美作津山)

 毛利氏(長門萩)

 松平氏(越前福井)

 加藤氏(肥後熊本)

 戸川氏(備中庭瀬)

 松平氏(越前福井)

 松浦氏(肥前平戸)

 池田氏(備前岡山)

 南条氏(伯耆羽衣石)

 秋月氏(日向高鍋)

 山内氏(土佐高知)

 小出氏(但馬出石)
小出氏(丹波園部)

天守・櫓

城の要所に上げられた建造物が櫓。五重・四重のほか、三重・二重でも城内の象徴的な櫓が天守。

▼作事の基本

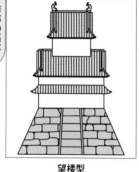

望楼型
下層の建物に望楼が載る。構造的一貫性はない。

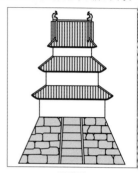

層塔型
下層から同じ逓減率で建設。構造的一貫性がある。

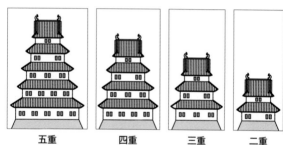

五重　　四重　　三重　　二重

平櫓

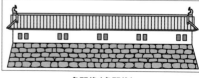

多門櫓(多聞櫓)

独立式天守の平面

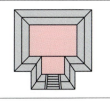
複合式天守の平面

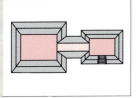
連結式天守の平面

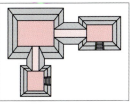
複合連結式の平面

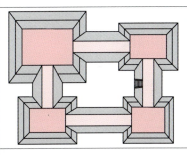
連立式天守の平面

櫓の平面

御殿 玄関・広間・書院などの殿舎から構成。城主が家臣と対面する表御殿と、城主の妻子が暮らす奥御殿に分かれる

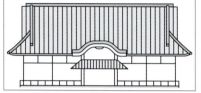

玄関

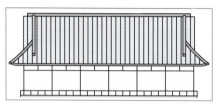

広間

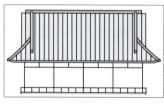

書院

■書院造

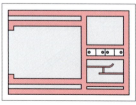

本勝手

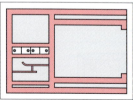

逆勝手

■その他の建物

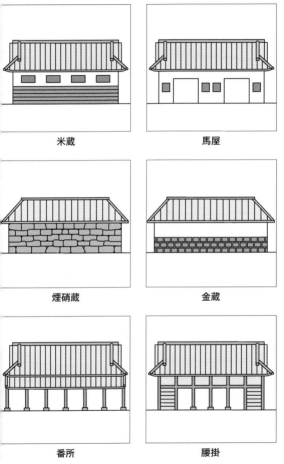

城門 虎口に設けられた建造物。形状から様々な名前が付けられているが、門の構造としては、いずれも同じであった

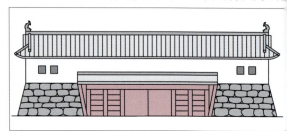

櫓門

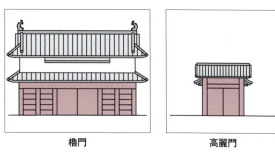

櫓門　　　　　　　　　　　高麗門

薬医門　　　　　　　　　　棟門

門には外側に開く外開きと、内側に開く内開きが存在する。城門は、敵に開閉を妨害されないよう、必ず内開きになっていた。

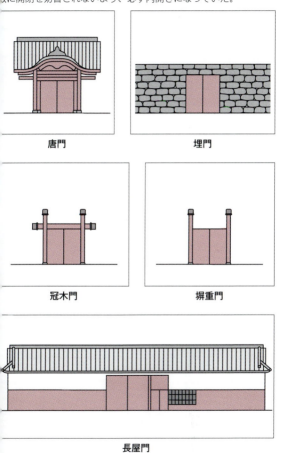

橋

木橋は、味方が落とすことができる反面、敵が落とす危険性もある。土橋は、敵も味方も落とすことはできない。

■ 資材による分類

■ 様々な木橋

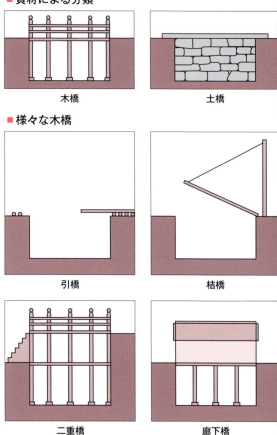

木橋

土橋

引橋

桔橋

二重橋

廊下橋

塀

土塁や石垣の上は、板塀や土塀などの塀をかける。ただし、費用がかかるため、城の周囲は柵で代用することも。

■ 資材による分類

板塀　　　土塀　　　柵

■ 土塀の狭間

弓狭間　　　鉄砲狭間　　　大筒狭間

■ 土塀の構造

控柱のある土塀

築地塀　練塀

控柱のない土塀

■ 土塀の石落

袴腰型　出窓型

■ 塀折

敵折　　　味方折

屋根

城の建造物において、一般的に用いられているのは入母屋造。その他、切妻造や寄棟造も用いられている。

■ 入母屋造

平

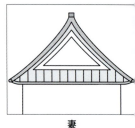

妻

■ 切妻造

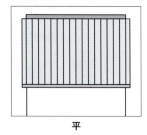

平

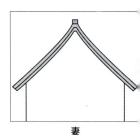

妻

■ 寄棟造

平

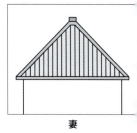

妻

葺き方

通常は粘土を焼いた瓦の瓦葺。寒冷地では破損を防ぐため銅瓦・鉛瓦・石瓦のほか、板葺が用いられることも。

■ 瓦葺

本瓦葺

平瓦と丸瓦を交互に組み合わせる葺き方。

桟瓦葺

平瓦と丸瓦を一体化させた簡易な葺き方。

■ 板葺

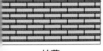

柿葺

厚さ2mm程の木片を葺く。

檜皮葺

檜の樹皮を重ねて葺く。

鯱

頭が龍ないし虎で、体が魚という想像上の霊獣。通常、瓦か青銅によってつくられ、大棟の両端に雌雄一対で付けられる。

雄

雌

壁 柱を残す真壁造より残さない大壁造が多く、漆喰で塗る白漆喰塗籠、板を張る下見板張、瓦を張る海鼠壁がある。

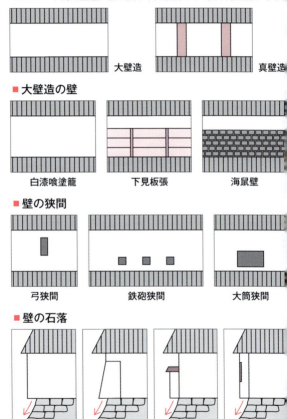

大壁造 / 真壁造

■ 大壁造の壁

白漆喰塗籠 / 下見板張 / 海鼠壁

■ 壁の狭間

弓狭間 / 鉄砲狭間 / 大筒狭間

■ 壁の石落

張出 / 袴腰型 / 出窓型 / 戸袋型

打撃のため、狭間のほか、1階には石落を設置。窓は火攻めを防ぐために小さく、最上階には外に出る廻縁・高欄も存在した。

■窓

華頭窓　　　　格子窓　　　　格子窓（連子窓）

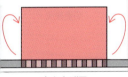

突き上げ戸　　　　　　開き戸

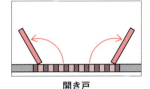

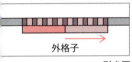

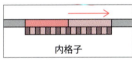

外格子　　　　　　　　内格子

引き戸（最上階）

■最上階

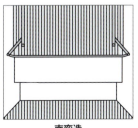

廻縁・高欄　　　　　　　南蛮造

破風

切妻造や入母屋造の屋根にできる妻側の三角形の部分。構造的にできるものだけでなく、装飾の目的も。

入母屋破風　　　　　切妻破風

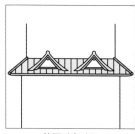

千鳥破風　　　　　比翼千鳥破風

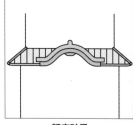

向唐破風　　　　　軒唐破風

懸魚・蟇股

千鳥破風では上端に懸魚、唐破風では上部に兎毛通、内部に透かした本蟇股と板状の板蟇股で装飾。

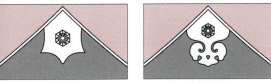

梅鉢懸魚

猪目懸魚

蕪懸魚

三花蕪懸魚

雁股懸魚

貝頭懸魚

兎毛通

本蟇股

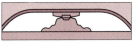

板蟇股

185

▼天守総覧

天守・天守代用櫓

戦時には城主の指揮所となった城内最大の櫓。江戸時代は権威の象徴に。

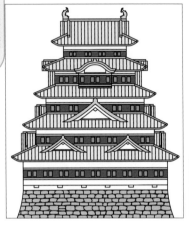

江戸城天守
徳川家光の3代目天守。明暦の大火により焼失。『寛永度江戸城天守復元調査報告書』を参考。

大阪城天守
大阪の陣後に再建され、寛文5(1665)年に落雷で焼失。現在の天守は近代の再建。

大阪の陣後には新規の造営が禁止となったが、実質的には天守代用の櫓は多く存在しており、「御三階櫓」などと称されている。

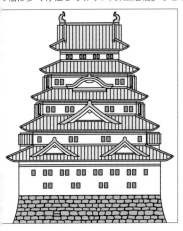

二条城天守
徳川家光が伏見城から移築したものか。寛延3(1750)年に落雷焼失し、再建されず。

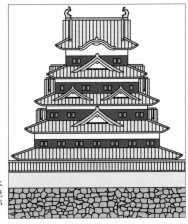

駿府城天守
徳川家康が再建。寛永12(1635)年に火災で焼失。天守曲輪に天守が上げられていたか。

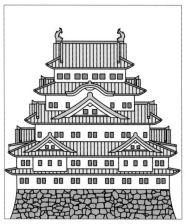

名古屋城天守
関ヶ原合戦後に徳川家康が建造。空襲で焼失したが、戦後にRC造で外観復元された。

福井城天守
関ヶ原合戦後の建造。寛文9(1669)年の大火で焼失したため、巽櫓を天守代用に。

福山城天守
大阪の陣後の建造で、北壁には鉄板が張られていた。空襲で焼失し、戦後に RC 造で再建。

会津若松城天守
大阪の陣後に加藤明成が改修。戊辰戦争後に解体され、戦後に RC 造で外観復元。

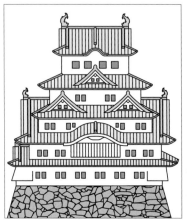

姫路城天守
関ヶ原合戦後に池田輝政が建造。大天守と3基の小天守による連立式天守が現存。国宝。

淀城天守
松平(久松)定綱が二条城から移築したとも。宝暦6(1756)年に落雷焼失。推定復元。

岸和田城天守
安土桃山時代に小出秀政が建造。文政10(1827)年に落雷焼失。絵図からの推定復元。

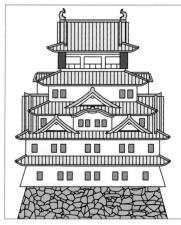

卯川城天守
関ヶ原合戦後に田中吉政が建造。明治5(1872)年に焼失。不鮮明な古写真から推定。

松本城天守
安土桃山時代に石川康長が天守を建造。江戸時代初期に辰巳附櫓・月見櫓を増築。国宝。

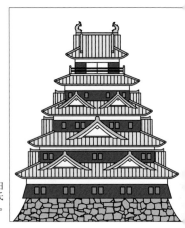

沼田城天守
関ヶ原合戦前後に真田信幸が建造し、真田氏改易後に幕府が解体。絵図から推定復元。

熊本城天守
関ヶ原合戦前後に加藤清正が建造。明治維新後の西南戦争で焼失し、RC造で外観復元。

小田原城天守
元禄地震後の宝永3 (1706) 年に再建され、明治維新後に破却。戦後にRC造で復興。

広島城天守
安土桃山時代に毛利輝元が建造。原子爆弾の爆風で倒壊し、戦後にRC造で外観復元。

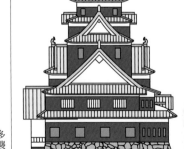

岡山城天守
安土桃山時代に宇喜多秀家が建造。岡山空襲により焼失し、戦後にRC造で外観復元。

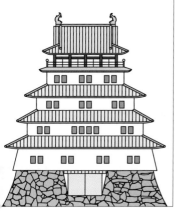

津山城天守
関ヶ原合戦後に森忠政が建造。四重目は板葺か。明治維新後に破却。絵図から推定復元。

桑名城天守
関ヶ原合戦後に本多忠勝が建造。元禄14(1701)年の大火で焼失。絵図による推定復元。

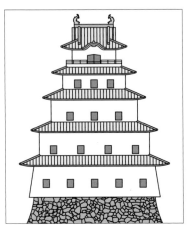

丹波亀山城天守
関ヶ原合戦後に岡部□盛が建造。今治城か□移築されたとも。古□真による推定復元。

島原城天守
大阪の陣後に松倉重政が建造し、明治維新後に破却。絵図からの推定復元。

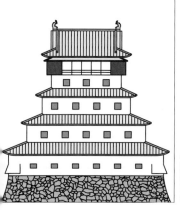

小倉城天守
関ヶ原合戦後に細川忠興が唐造で建造し、後に焼失。現在は破風を付けた天守が再建。

佐賀城天守
関ヶ原合戦後に鍋島直茂が建造し、後に火災で焼失。小倉城天守を参考にした模様。

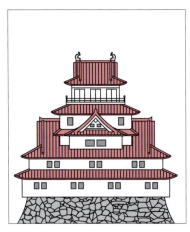

萩城天守
関ヶ原合戦後に毛利輝元が建造し、明治維新後に解体された。古写真に基づく復元。

岩国城天守
吉川広家が唐造で建造するも、一国一城令で破却。現在は異なる位置に再建。

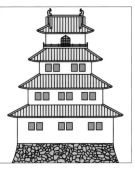

大分府内城天守
関ヶ原合戦後に竹中重利が建造。寛保3(1743)年の大火で焼失。絵図による推定復元。

高松城天守
寛永16(1639)年に入城した松平頼重が唐造で建造か。明治維新後に破却。古写真から復元。

大垣城天守
大阪の陣後に松平(久松)忠良が改修か。大垣空襲により焼失し、戦後にRC造で外観復元。

松江城天守
関ヶ原合戦後に堀尾忠氏が建造し、現存。創建年代が明らかになったことで国宝指定。

米子城天守
関ヶ原合戦後に中村一忠が建造。明治維新後に破却。絵図が残るが、外観には諸説あり。

大洲城天守
慶長14(1609)年に入城した脇坂安治が建造か。明治維新後に破却され、近年に木造で復元。

高知城天守
関ヶ原合戦後に山内一豊が建造。享保の大火後に再建された天守が現存。重要文化財。

高島城天守
安土桃山時代に日根野高吉が建造か。明治維新後に破却。現在はRC造で再建されている。

犬山城天守
小牧・長久手の戦い後に再建され、大阪の陣後に大改修されたか。国宝に指定され、現存。

尼崎城天守
大阪の陣後に戸田氏鉄が建造し、明治維新後に破却。現在は異なる位置にRC造で外観復元。

膳所城天守
関ヶ原合戦後に戸田一西が建造し、明治維新後に破却。外観は絵図による推定。

横須賀城天守
宝永4(1707)年の大地震で倒壊。詳細は不明ながら四重天守を描いている絵図がある。

八代城天守
大阪の陣後に加藤忠広が建造。
寛文12(1672)年に落雷焼失。
外観は絵図による推定。

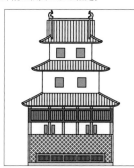

水戸城御三階櫓
明和3(1766)年に再建されたが、水戸空襲で焼失。天守台は存在しない。古写真により復元。

金沢城御三階櫓
天守が慶長7(1602)年に落雷焼失したことにより御三階櫓として再建。立面図から復元。

和歌山城天守
弘化3(1846)年の落雷焼失後に再建されたが、和歌山空襲で焼失。戦後にRC造で外観復元。

彦根城天守
関ヶ原合戦後、井伊直継が建造した複合式天守が明治維新後も残され、現存。国宝。

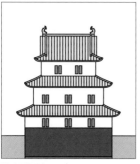

佐倉城天守
関ヶ原合戦後に土井利勝が建造。文化10(1813)年に焼失。外観は絵図による推定。

古河城御三階櫓
寛永10(1633)年に入城した土井利勝が建造し、明治維新後に破却。古写真による復元。

岡崎城天守
元和3(1617)年に本多康紀が再建。明治維新後に破却され、現在はRC造で復興。

西尾城天守
江戸時代前期の改修か。明治維新後に破却され現存せず。外観は絵図による推定。

吉田城鉄櫓
天守代用の櫓。明治維新後に破却され、現在、異なる位置に復興。外観は絵図による推定。

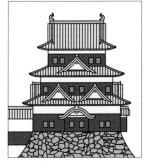

小浜城天守
寛永12(1635)年に酒井忠勝が建造し、明治維新後に破却。外観は絵図による推定。

徳島城御三階櫓
大阪の陣後、東二の丸に建造された天守代用櫓。明治維新後に破却。外観は絵図による推定。

福知山城天守
二重の小天守が連結。明治維新後に破却され、戦後にRC造で復元。古写真による復元。

松山城天守
創建時の五重天守を寛永19(1642)年に三重に改築した模様。重要文化財として現存。

加納城御三階櫓
関ヶ原合戦後、岐阜城天守を二の丸に移築。享保13(1728)年に焼失。立面図から復元。

館林城御三階櫓
寛文元(1661)年に城主となった徳川綱吉が建造し、後に破却。各種絵図による推定。

鳥取城御三階櫓
山頂の天守が焼失した後に天守代用となった櫓で、明治維新後に破却。古写真による復元。

山形城御三階櫓
天守は元から存在せず、二の丸の三重櫓が天守代用に。外観は絵図による推定。

松前城天守
安政元(1855)年に松前崇広が建造。戦後に失火で焼失し、現在はRC造で外観復元。

関宿城御三階櫓
本丸の三重櫓が天守の代用。明治維新後に破却。模したとされる江戸城富士見櫓からの推定。

忍城御三階櫓
勘定所曲輪に建造。明治維新後に破却され、本丸跡にRC造で復興。絵図による推定。

高崎城御三階櫓
本丸に建造された天守代用の三重櫓で、明治維新後に破却。立面図による復元。

前橋城天守
関ヶ原合戦後に酒井重忠が建造したが、後に破却。不明瞭な絵図による想像。

掛川城天守
嘉永7 (1854) 年の地震で倒壊し、再建されず。現在は絵図をもとに木造で再建。

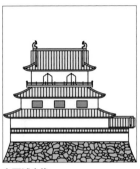

白石城大櫓
文政2 (1819) 年の焼失後に再建され、明治維新後に破却。絵図などをもとに木造復元。

篠山城三重櫓
本丸に天守台は存在するが、天守は建造されず、二の丸の三重櫓を代用。絵図による推定。

津城天守
関ヶ原合戦後に富田信高が連結式天守を再建し、火災で焼失した模様。絵図による推定。

鳥羽城天守
寛永10(1633)年に建造されたとされ、安政元(1854)年に地震で倒壊。絵図による推定。

日出城天守
関ヶ原合戦後に木下延俊が建造し、明治維新後に破却。各種絵図による推定。

高槻城天守
三重天守が幕末まで存在していたと見られるが、詳細は不明。不明瞭な絵図による想像。

高取城天守
大天守と小天守などで連立式天守を構成し、明治維新後に破却。古写真・絵図による推定。

久留米城巽櫓
大阪の陣後に有馬豊氏によって
建造された天守代用の三重櫓。
古写真・絵図による推定。

沼津城御三階櫓
江戸時代中期の建造。天守代用
の三重櫓で、明治維新後に破却。
不明瞭な絵図による想像。

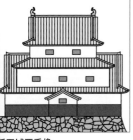

兵田城三重櫓
本丸塁線上に建造されており、
第二次幕長戦争でも焼失を免れ
た模様。絵図による推定。

中津城三重櫓
本丸鉄門脇の三重櫓で、不明瞭
な絵図による想像。現在は、別
の位置にRC造で天守が復興。

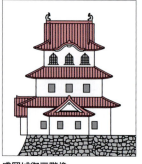

盛岡城御三階櫓
落雷焼失後の延宝4(1676)年に再建され、明治維新後に破却。古写真・絵図による推定。

延岡城御三階櫓
天守は存在せず。江戸時代前期に有馬康純が再築し、後に火災で焼失。木組雛型による推定。

岩村城三重櫓
もともと天守は存在せず、追手門脇の三重櫓が天守代用。各種絵図による推定。

村上城天守
大阪の陣後に堀直寄が建造。後に再築された天守も落雷焼失。絵図による推定。

臼杵城天守
関ヶ原合戦後に稲葉貞通が建造、後に再築されたか。明治維新後に破却。絵図による推定。

中村城天守
関ヶ原合戦後に相馬利胤が建造し、寛文10(1670)年に落雷焼失。絵図からの想像。

伊勢亀山城御三階櫓
天守は江戸時代初期に破却。代用の御三階櫓は明治維新後に破却。古写真による復元。

平戸城乾櫓
天守代用とした二の丸櫓で明治維新後に破却。現在は本丸にRC造で復興。絵図からの想像。

宇和島城天守
藤堂高虎の天守は破却。江戸時代前期に伊達宗利が再建した天守が現存。重要文化財。

長岡城御三階櫓
天守はなく、代用の本丸北西の御三階櫓は明治維新後に破却。絵図による推定。

丸亀城御三階櫓
江戸時代前期に京極高和が再建した御三階櫓が「天守」として現存。重要文化財。

白河小峰城三重櫓
江戸時代初期に丹羽長重が建造し、戊辰戦争で焼失。現在は木造で復元。

岡城御三階櫓
江戸時代中期に中川久貞が再建し、明治維新後に破却。古写真・絵図による推定。

高鍋城御三階櫓
詰の丸に建造された天守代用の三重櫓で、江戸時代中期に破却。絵図による推定。

園部城小麦山櫓
明治維新直後に小麦山山頂に建造された三重櫓で、ほどなく破却。絵図による推定。

高田城三重櫓
江戸時代前期に松平光長が再建か。明治維新後に焼失。現在は木造で復興。

弘前城御三階櫓
天守は落雷焼失。江戸時代後期に再建された御三階櫓が「天守」として現存。重要文化財。

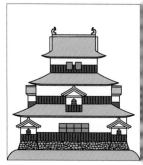

米沢城御三階櫓
本丸東北隅と西北隅の三重櫓2基が天守代用で、明治維新後に破却。絵図による推定。

新宮城天守
大阪の陣後に浅野忠吉が建造か。明治維新後に破却。不明瞭な絵図による想像。

明石城坤櫓
天守台に天守は存在せず。大阪の陣後に小笠原忠真が建造した坤櫓が現存。重要文化財。

新発田城御三階櫓
江戸時代前期の火災で焼失後に
再建され、明治維新後に破却。
現在は木造で復元。

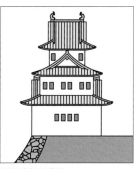

三春城御三階櫓
本丸の塁線上に建造されていた
三重櫓で、明治維新後に破却。
不明瞭な絵図からの想像。

高山城天守
安土桃山時代に金森長近が建造
し、元禄8(1695)年に廃城とな
り破却。絵図による推定。

苗木城天守
天然の巨岩を利用した天守台
に、懸造で天守を建造。絵図や
遺構からの推定。

上山城二重櫓
二重と三重の記録があり、詳細は不明。二重三階だったか。

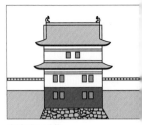

高遠城二重櫓
二重と三重の記録があり、詳細は不明。二重三階だったか。

磐城平城御三階櫓
立面図による推定。古くは三重三階、後に二重三階に減築か。

刈谷城戌亥櫓
本丸西北の櫓で、絵図による推定。外観二重で内部は三階か。

備中松山城天守
江戸時代中期に水谷勝宗が改築か。現存し、重要文化財に指定。

越前大野城天守
絵図による推定。江戸時代に焼失し、現在はRC造で復興。

丸岡城天守
江戸時代初期に再建されたものが現存か。重要文化財に指定。

神戸城二重櫓
天守が桑名城に移築された後に天守代用。古写真から推定。

鶴ヶ岡城二重櫓
天守はなく、本丸の西北隅二重櫓を代用。絵図による推定。

田原城二重櫓
二の丸の二重櫓で、古写真からの復元。現在はRC造で復興。

川越城富士見櫓
天守代用の櫓で明治維新後に破却。外観は絵図による推定。

岩槻城瓦櫓
城内唯一の瓦葺の櫓で、明治維新後に破却。絵図からの推定。

久留里城二重櫓
本丸二重櫓で絵図からの推定。櫓台に隣接してRC造で復興。

佐貫城二重櫓
本丸に二重櫓が存在したが、詳細は不明。絵図からの想像。

宇都宮城清明台
大阪の陣後に本多正純が二重二階で建造。現在は木造で復元。

挙母城二重櫓
江戸時代中期に建造された二重の隅櫓。現在はRC造で復興。

飯山城二重櫓
天守の代用とされた本丸の二重櫓。外観は絵図からの推定。

本荘城二重櫓
天守の代用とされた本丸の二重櫓。外観は絵図からの推定。

笠間城天守
本丸の塁線に建造されていた模様。不明瞭な絵図からの想像。

大多喜城二重櫓
天守焼失後に二重の神殿を建造。現在はRC造で復興。

小松城御亭
「御亭」と呼ばれる二重三階の櫓。外観は絵図からの推定。

田中城御亭
天守代用となった二重二階の櫓。現在は下屋敷跡に移築現存。

久保田城御出院
天守代用の書院風櫓で明治維新後に破却。古写真からの推定。

人吉城護摩堂
天守の代わりに建てられていた護摩堂。絵図・遺構から推定。

参考文献

■全集
- 『探訪日本の城』(1)～(10)(小学館、1977～78年)
- 『日本城郭大系』(1)～(18)(新人物往来社、1979～81年)
- 『城郭と城下町』(1)～(10)(小学館、1983～84年)
- 『復元大系 日本の城』(1)～(9)(ぎょうせい、1992～93年)
- 『歴史群像・名城シリーズ』(1)～(15)(学習研究社、2000年)
- 『名城を歩く』(1)～(24)(PHP研究所、2002～04年)
- 『名城をゆく』(1)～(50)(小学館、2004～05年)
- 『よみがえる日本の城』(1)～(30)(学習研究社、2004～06年)
- 『日本の城』(1)～(121)(デアゴスティーニ、2012～15年)

■事典・辞典
- 大類伸『日本城郭事典』(秋田書店、1970年)
- 鳥羽正雄『日本城郭辞典』(東京堂出版、1971年)
- 別冊 歴史読本『日本城郭大事典』(新人物往来社、1997年)
- 西ヶ谷恭弘『国別戦国大名城郭事典』(東京堂出版、1999年)
- 西ヶ谷恭弘『国別城郭・陣屋・要害・台場事典』(東京堂出版、2002年)
- 日本城址研究会『日本の城辞典』(新星出版社、2021年)

■総論
- 藤岡通夫『城と城下町』(創元社、1952年)
- 井上宗和『日本の城の基礎知識』(雄山閣、1978年)
- 西ヶ谷恭弘『城郭』(近藤出版社、1988年)
- 三浦正幸『城の鑑賞基礎知識』(至文堂、1999年)
- 萩原さちこ『図説・戦う城の科学』(SBクリエイティブ、2015年)

■歴史
- 大類伸、鳥羽正雄『日本城郭史』(雄山閣、1936年)
- 内藤昌『城の日本史』(日本放送出版協会、1979年)
- 鳥羽正雄『近世城郭史の研究』(雄山閣、1982年)
- 白峰旬『日本近世城郭史の研究』(校倉書房、1998年)
- 齋藤慎一、向井一雄『日本城郭史』(吉川弘文館、2016年)

■建築
- 平井聖『城と書院』(平凡社、1965年)
- 藤岡通夫『城と書院』(小学館、1968年)
- 城戸久『城と民家』(毎日新聞社、1972年)
- 佐藤巧『近世武士住宅』(叢文社、1979年)
- 三浦正幸『図説近世城郭の作事 天守編』(原書房、2022年)
- 三浦正幸『図説近世城郭の作事 櫓・城門編』(原書房、2022年)

■石垣
- 北垣聰一郎『石垣普請』(法政大学出版局、1987年)
- 菅野良男『刻印石で楽しむ三大名城の石垣物語』(新人物往来社、2011年)
- 加藤理文『織豊権力と城郭 瓦と石垣の考古学』(高志書院、2012年)
- 中井均『戦国の城と石垣』(高志書院、2022年)
- 三浦正幸『図説近世城郭の普請 石垣編』(原書房、2024年)

■城下町
- 小野均『近世城下町の研究』(至文堂、1928年)
- 矢守一彦『城下町』(学生社、1972年)
- 藤岡謙二郎『城下町とその変貌』(柳原書店、1983年)
- 佐藤滋『図説城下町都市』(鹿島出版会、2002年)
- 松本四郎『城下町』(吉川弘文館、2013年)

■古写真
- 來本雅之『最新日本名城古写真集成』(新人物往来社、2002年)
- 後藤仁公『古絵葉書でみる日本の城』(東京堂出版、2009年)
- 來本雅之『レンズが撮らえた幕末日本の城』(山川出版社、2013年)
- 來本雅之『古写真で見る幕末の城』(山川出版社、2020年)
- 髙田徹『絵葉書から分析する近世城郭の建築と空間』(戎光祥出版、2020年)

■発掘・調査
- 千田嘉博ほか『城館調査ハンドブック』(新人物往来社、1993年)
- 藤木久志、伊藤正義『城破りの考古学』(吉川弘文館、2001年)
- 峰岸純夫、萩原三雄『戦国時代の城 遺跡の年代を考える』(高志書院、2009年)
- 萩原三雄、中井均『中世城郭の考古学』(高志書院、2014年)
- 中井均、加藤理文『近世城郭の考古学入門』(高志書院、2017年)
- 萩原三雄『戦国期城郭と考古学』(岩田書院、2019年)

■縄張
- 木島孝之『城郭の縄張り構造と大名権力』(九州大学出版会、2001年)
- 黒田慶一、髙田徹『16世紀末全国城郭縄張図集成』上・下(倭城併行期国内城郭縄張図集成刊行会、2008年)
- 松岡進『中世城郭の縄張と空間』(吉川弘文館、2015年)

■城歩き
- 別冊 歴史読本『城を歩く その調べ方・楽しみ方』(新人物往来社、2003年)
- 別冊 歴史読本『城歩きハンドブック すべての城を踏破しよう』(新人物往来社、2005年)

※縄張・建物の作図に際しては、多数の古絵図、修理工事報告書・発掘調査報告書、自治体史、各城に関連する書籍およびwebサイトを参考にした

- 本書の内容に関する質問は、オーム社ホームページの「サポート」から、「お問合せ」の「書籍に関するお問合せ」をご参照いただくか、または書状にてオーム社編集局宛にお願いします。お受けできる質問は本書で紹介した内容に限らせていただきます。なお、電話での質問にはお答えできませんので、あらかじめご了承ください。
- 万一、落丁・乱丁の場合は、送料当社負担でお取替えいたします。当社販売課宛にお送りください。
- 本書の一部の複写複製を希望される場合は、本書扉裏を参照してください。

JCOPY ＜出版者著作権管理機構 委託出版物＞

ポケット城図鑑

2024 年 11 月 22 日　　第 1 版第 1 刷発行

監 修 者　公益財団法人 日本城郭協会
編 著 者　小和田泰経
発 行 者　村上和夫
発 行 所　株式会社 オーム社
　　　　　郵便番号　101-8460
　　　　　東京都千代田区神田錦町 3-1
　　　　　電話　03(3233)0641(代表)
　　　　　URL　https://www.ohmsha.co.jp/

© 公益財団法人 日本城郭協会・小和田泰経 2024

組版　アトリエ渋谷　　印刷・製本　三美印刷
ISBN978-4-274-23288-6　Printed in Japan

本書の感想募集 https://www.ohmsha.co.jp/kansou/
本書をお読みになった感想を上記サイトまでお寄せください。
お寄せいただいた方には、抽選でプレゼントを差し上げます。